まんがでわかる

7つの習慣 Plus

THE SEVEN HABITS OF HIGHLY EFFECTIVE PEOPLE Plus

〔まんが〕小山鹿梨子
〔監　修〕フランクリン・コヴィー・ジャパン

宝島社

まんがでわかる7つの習慣 Plus 目次

要点だけをピックアップ！

縮約版「7つの習慣」……117

おもな登場人物

正木《まさき》 零司《れいじ》
バー「セブン」のマスター。現在は、2名の従業員とともにカウンターに立つ。

中田《なかた》 歩《あゆみ》
正木の弟子。セブンで修業の後、亡父のバーを「セブンズ・ドーター」として復活させる。

外山《とやま》 明子《あきこ》
歩の恩師。「セブン」に勤めていた歩と再会し、「セブン」の常連となる。

八神《やがみ》 貴臣《たかおみ》
有名なイタリアン・レストラン「オッターヴァ・ヴォーチェ」のオーナーで、「セブン」の常連。

Attention

本書のまんがは、『まんがでわかる7つの習慣』シリーズ(全4巻)とは異なる切り口で「7つの習慣」を解説したものですが、後半の「縮約版『7つの習慣』」は、上記4巻で取り上げている内容を再編集し、適宜、情報を付加した内容となっています。「7つの習慣」についてより深く学びたい方は、『まんがでわかる7つの習慣』シリーズも併せて読まれることをおすすめします。

※このまんがはフィクションです。登場する人物、団体名などはすべて架空のものです。
※本書では、監修者のアドバイスを基に、「7つの習慣」の要点を一部大胆に、わかりやすくまとめて解説しています。

Chapter

1

メンバーの“個性”はどこにある?

7つの習慣で組織の「ダイバーシティ」を生かす

人材のダイバーシティ(多様性)を高めて組織を強くしたい。
ビジネスの現場でもっとも関心の高いテーマの1つだ。
スティーブン・R・コヴィー博士が提唱した人生の成功哲学「7つの習慣」が、
組織の中でどのように応用できるのか、まんがを通して考えていこう。

まんがの導入

メーカーの営業部で部長を務める十和田は、組織のダイバーシティ向上のために女性管理職の積極登用を開始するのだが——。

今日からだっけ？新しい課長が来るの
初めてだよな うちで課長までいった女の人っていうのは
ザワ
ええ どんな人なんでしょうね
まあ いままで通り仕事ができれば文句ないよ
ザワ
ザワ
ザワ
あれ 女性の上司でも平気なんですか？
俺はそんなこと気にする男じゃないぞ
みんな おはよう
十和田《とわだ》 道雄《みちお》
消費財メーカー企画営業部部長
部内のダイバーシティ促進活動を統括
おはようございます 部長
紹介しよう
今期から販促課の課長を務めてもらうことになった…
ペコ
横山です

みんなも知っているように うちでもダイバーシティ経営を促進して組織の創造性をより高めていこうという方針になった
そのためにも女性が活躍できる場をもっと増やしていきたい
みんな横山さんに協力してがんばってくれ
はい！
いまは消費者のニーズも多様化しているから…
コソッ
ねえダイバーシティって？
「多様性」のこと
要するにいろんな人を活用しようっていう話じゃないの？
外国人とか女性とか障害者とか…
どうしてそんなことするの？
そうしたほうがイノベーションが生まれやすいんだって
なんでそうなるの？
そのほうがいろんなアイデアが出やすいからじゃない？
よくわからんけど
ふーん…
というわけで

うちの会社でも女性の視点を生かして事業の成長に結びつけたい
働き方や分業の仕方についても検討する予定だから
思いついたことがあれば彼女を通してどんどん相談してくれ
はい
じゃあ細かいことは…
ええ
今日はとりあえずみなさんの働きぶりを見せていただきます
現状を把握したいと思いますので
うん うん
横山くん張り切ってるな
楽しみだ
「うちも女性の管理職比率を増やしたいからさ」
「まずは十和田くんの部署で試験的に頼むよ」
週刊ビジネス
社長は新しいもの好きだからな…
だが成果につながれば私の評価も…
フフフ…

Bar Seven
…そんなわけで うちの会社も ようやく時代に 追いついて来ましたよ
それは先が 楽しみですね
正木《まさき》 零司《れいじ》
バー「セブン」マスター
ええ
将来的には 女性管理職の 比率3割を 目指しますよ
それで ダイバーシティ、ですか
八神《やがみ》 貴臣《たかおみ》
常連客・レストランオーナー
はい
いままでのような 画一的な採用、昇進ではなく いろんな人に積極的に チャンスを与えたほうが 組織の利益にもなる ということですから
横山くんは現場では トップクラスでしたし 期待しているんです
キイッ

こんばんは
中田《なかた》 歩《あゆみ》
正木の弟子
独立してバー「Seven's Daughter」を経営
悪いね せっかくの 休みの夜に
いえ かわいい後輩の ためです
それに こっちにも顔を出したくて わざと定休日を 別の曜日にしたんですから
じゃあ 頼むね
はい！
彼女は…？
前にここで 修業をして いたんですよ
いまは独立して お父さんのバーを 継いでいますけど
空いている時間に ときどき彼らの指導を 頼んでいるんです
教えることで 気づくことも たくさんありますから
へえ…

数日後
部長
ご相談があります
何かね？
勤務のフレックス制を認めていただけないでしょうか
部長は「組織のダイバーシティを高めることでもっと個々の自由な発想を生かせるようにしたい」とおっしゃいましたよね
ああ
でしたら個人の裁量を広げていただかないと
だが出社時間には規則があるからな…
こちらをご覧ください
労働時間の裁量を広げたことで生産性が上がったというデータです
ダイバーシティを推進する多くの企業はこのようにしています
わ、わかった社長とも相談して検討しよう
よろしくお願いします

数週間後
はい
はい
ガラン…
申し訳ありません
戻り次第すぐに折り返させますので…
…？
ほかのみんなは？外で打ち合わせ？
さあ わかりません
ガチャ
戻りました〜
これ さっき取引先から電話ありました
あ ごめん ありがと
「14時に電話するって連絡したのに」って怒ってましたけど
ごめん ごめん
外の喫茶店で書類つくってたら意外に時間かかっちゃって
朝の電話も俺ばっかり取ってるんですけど
昨日の朝もずいぶん遅かったですよね
仕方がないじゃない
子どもが頭痛いって言うんだもの
子どもって…もう中学生でしょう
こっちにも事情があるの
いいじゃない 岩井くん 朝型なんでしょ？
いつも早く来てるよね

それは自分の仕事を早く片づけたいからですよ
電話番をするためじゃない
じゃあ岩井くんもゆっくり来ればいいのに
課長がそうしていいって言ってるんだから
正直時間の融通が利くようになってすごく助かってるの
俺は妻との家事分担があるから出勤時間を変えてないんです
部長
これじゃ「事情」があるほうが得するだけです
む…
…横山くんにはその話してるの？
話す時間がありません
あの人もいつも外で仕事してるから
指示はほとんどメールなんです
部長何とかしてください
わ わかった
横山くんに話しておこう

Bar Seven
…参ったよ
その女性とは話をしたんですか？
ああ だけど…
それなら連絡係に派遣社員かアルバイトを入れてください
そのためだけにというのは無理だよ
ではどうします？当番制にしますか？
働き方の自主性を奪うのはダイバーシティの考え方とは正反対かと思いますが…
そ そうだね
…
し しばらく岩井くんには我慢してもらおうか…私から話しておこう
その間に解決策を考えるから
お願いします
みたいな話で終わってしまって…

結局 声の大きい人の意向に 合わせる形に なってしまった、と
外山《とやま》 明子《あきこ》
常連客・歩の中学時代の恩師
連携が滞《とどこお》ると 業績にも 影響するかも しれませんね
ドキッ
怖いこと 言わないで ください
そういうの 学校にもある話ですよ
理想に燃えた 若い先生なんかに よくあるんですけど…
生徒たちの個性を 尊重しようとして いきなり自由度を 上げちゃうの
君たちに まかせる!
でもそうすると 声の大きい子や 素行の悪い子に 全体の雰囲気が 大きく影響 されてしまう
その結果 彼らを管理するために 次々と細かいルールを つくらざるを得なくなって
おとなしい子に 我慢を強いることに なってしまう…
なるほど
似てる…
結局問題を解決するために 権力を使うか 見て見ぬふりをするかに なってしまうんです
…

そういう先生は「物わかりがいい先生」のつもりでも
自己主張する子には与《くみ》しやすい相手でしかないし
意見を言うのが苦手な子には理不尽で不公平な人物でしかないんです
うぐっ
相手の話を聞く度に軸がブレてしまう、というわけですね
ええ
話し合いで流されないためには心の準備が必要なのよ
聞いた話にそのまま反応するんじゃなく
いったん自分の価値観で消化した反応を返すということですね
私たちの行動は、周りの状況ではなく、自分自身の決定と選択の結果である。私たち人間は、感情を抑えて自らの価値観を優先させることができる。人間は誰しも、自発的に、かつ責任を持って行動しているのである。
——『完訳 7つの習慣 人格主義の回復』 P.81——
子どもはそういうの見てるからねぇ
結局厳しいけれど誰でも公平に叱る先生が人気があったりするでしょ?
熱しやすく冷めやすいとか激怒したかと思うと優しくなるとか
相手によって態度が変わる先生はすぐ見抜かれちゃうのよね
あなたの人格は、たえず周囲に放たれ、あなたがどのような人間であるかを伝えている。それをある程度感じていれば、長期的にあなたが信頼できる人間かどうか、その人に対する態度が本心からなのかどうか、相手は直感的にわかるようになる。
——『完訳 7つの習慣 人格主義の回復』 P.341——

自覚して
人格を選択することが
大事、
というわけですか
難しいけどね
…
できてね～…
翌朝
どうやって
軌道修正したものか…
変更前のルールに戻すなんて
絶対反発されるだろうし…
ガラーン…
しかし
これじゃ単に
わがままを
許しているだけに
なってしまうぞ…
社長にも
心配されたし…
大丈夫かね？
販促課の人たち
朝遅くていいよね
なんでうちらは
ダメなの？
さあ
なんか会社の
新しい方針だって
…

何とか団結してもらわないと…
部長
資料お持ちしました
オリジナルグッズ制作
GOODS LABO
…これは？
今度ノベルティグッズの制作をここにお願いしてみるって了承いただいたじゃないですか
新しい会社ですけどいい仕事してるみたいだからって
あ
ああ
そうだったな
当社の強みは人材の多様性です。
社員一人ひとりの価値観を創造性につなげます。
互いの長所で互いの短所を補い合い、
盛り込んだ製品をご提案させていただきま
は人材の多様性で

グッズラボにて
部長さんにまでご足労いただけるとは光栄です
ええ ええ
現場を拝見したいと思いまして
何かヒントがあれば…
どうぞ見ていってください
?
…男性ばかりですね
ええ うち、女性社員は2人しかいないんです
でも資料では人材の多様性をうたっていましたよね
私はてっきり…
確かに会社案内にはそう書いてあります
しかしこの環境でダイバーシティというのは無理があるのでは…

これまでの人生でたたきこまれてきた条件づけの影響たるや、どれほどだろうか。
家庭、学校、教会、職場、友人関係、職業団体、そして個性主義などの社会通念等々、私たちの生活には多くの影響力が作用している。
そのすべてが無意識のうちに私たちに影響を与え、私たちの頭の中の地図、ものの見方、すなわちパラダイムを形成しているのである。

——『完訳 7つの習慣 人格主義の回復』 P.21——

誰でも、経験や条件づけから形成されたパラダイムや頭の中の地図を通して自分の生活や人間関係を見ているものである。
この頭の中の地図は、現実の場所ではない。
あくまで「主観的な現実」であって、現実の場所を表現しようとしているにすぎない。

――『完訳 7つの習慣 人格主義の回復』 P.29――

うちではそういう多様性を踏まえて商品開発や仕事の分担なんかをしているんです
…
プルル…
ピッ
もしもし
…え？太郎が熱…？
よいしょ
大丈夫？奥さん夕方から出張だったよね？
そうなんだ
今日中の仕事って何かある？
こっちでできることがあれば
明日もゆっくり来なよ
手伝うよ
…いい会社ですね
ありがとうございます

共感は同情とは違う。同情は一種の同意であり、価値判断である。

…共感の本質は、誰かに同情することではない。

感情的にも知的にも、相手を深く理解することなのである。

…相手を理解しようと思って聴く。

自分ではない人間の魂が発する声をしっかりと受け止めるために、集中して聴くのである。


――『完訳 7つの習慣 人格主義の回復』 P.345～346――

※ピンク・ジン：アンゴスチュラ・ビターズを数滴落としたミキシング・グラスに氷とドライ・ジンを入れ、ステアしたカクテル。32ページコラム参照

※ステア：材料と氷をミキシング・グラスに入れ、バー・スプーンで手早くかき混ぜる技法

ピンク・ジン…ですか
飲まれてみますか
お願いします
俺ももらおうかな
どうぞ
ジンとアンゴスチュラ・ビターズ…
カクテルバーでは一番ありふれているといってもいい2つの材料だ
ええ
でも溶け合うだけで
こんな奥の深い1つの味わいが生まれるんだよな

主張し合っても不味《まず》いだけ
お互いを受け止め合って1つの味になる、か…
メンツはありふれていて構わないわけだ
え 何ですか？
いや うちにはもうダイバーシティは存在しているんだよ
はあ…
部長
ちょっとうちの課の仕事の割り振りのことでお願いが
何だね？
もっと個人の責任分担を明確にしてそれぞれが独立した体制をつくりたいと思いまして
そのほうが個性を尊重した環境になると思うんです

それも大事だと思うけど…
その前によかったら今度私に時間をくれないか？
はい？
できれば少し巻き戻して仕切り直しをさせてほしいんだよ
…
君に迷惑はかけない
ただみんなの話を聴き合う場を一度、設けてみたいだけだから
それくらいならまあ…
頼むよ
カクテル…
か…
シナジーは心を湧き立たせる。創造することは心を湧き立たせる。
心を開いたコミュニケーションが生み出すものには、驚くべきものがある。
シナジーは、大きな成果、意味のある進歩につながる。
…だから、リスクを負ってでもシナジーを起こす努力はする価値があるのだ。
――『完訳 7つの習慣 人格主義の回復』 P.394――

Comment 01

見た目の多様性ではなく心の多様性に注目する

❊「いろんな人」を揃えてもダイバーシティは高まらない

ダイバーシティとは「多様性」のこと。近年、多様な人材の視点や知恵、能力を生かすことで、事業を成長させたいと考える経営陣が増えてきており、ビジネス界で注目のキーワードだ。

だが、メンバーの見た目や経歴が多様になれば、自然とダイバーシティが高まり、イノベーションが起こりやすくなるわけではない。同じ職場にいるようで、感じ方は1人ひとり違う。つまり、パラダイム（その人が正しいと思う事実のとらえ方）は人間の数だけある、ということを自覚しなければ、本当に人間の多様性を尊重した場を生み出すことは難しいのだ。物理的に共有している場は1つでも、その見え方（景色）は人の数だけある。

形だけ新しいものを導入しても混乱を招くだけ

まんがの中に出てきた十和田も時流に乗って、部内のダイバーシティを推進すべく、試験的な改革を始めた。だが、彼は少々認識が甘く、かえって混乱を招いてしまった。その結果、「人間の多様性は本来、人格の多様性に由来している」という根本の部分と向き合うことを怠り、組織は、互いに要求をぶつけ合う「人の集まり」へと後退を始めてしまった。

この場合、十和田は、横山にも誤解を与えてしまっていたといえるだろう。「女性の視点を取り入れるために横山を起用した」と述べたことで、彼女が備えている問題のとらえ方や知性、行動力といった資質よりも、外見の特徴を重視しているとの言質《げんち》を与えた格好となり、男性である十和田は、自ら反論しづらい立場に身を置くことになってしまったのだ。

ダイバーシティを尊重するとコミュニケーションが変わる

「ダイバーシティは大事」とされるのは、それによって、コミュニケーションが変わってくるからだ。それぞれのパラダイムを尊重してコミュニケーションすることで、互いに新しい発見があり、新しい協力の仕方が生

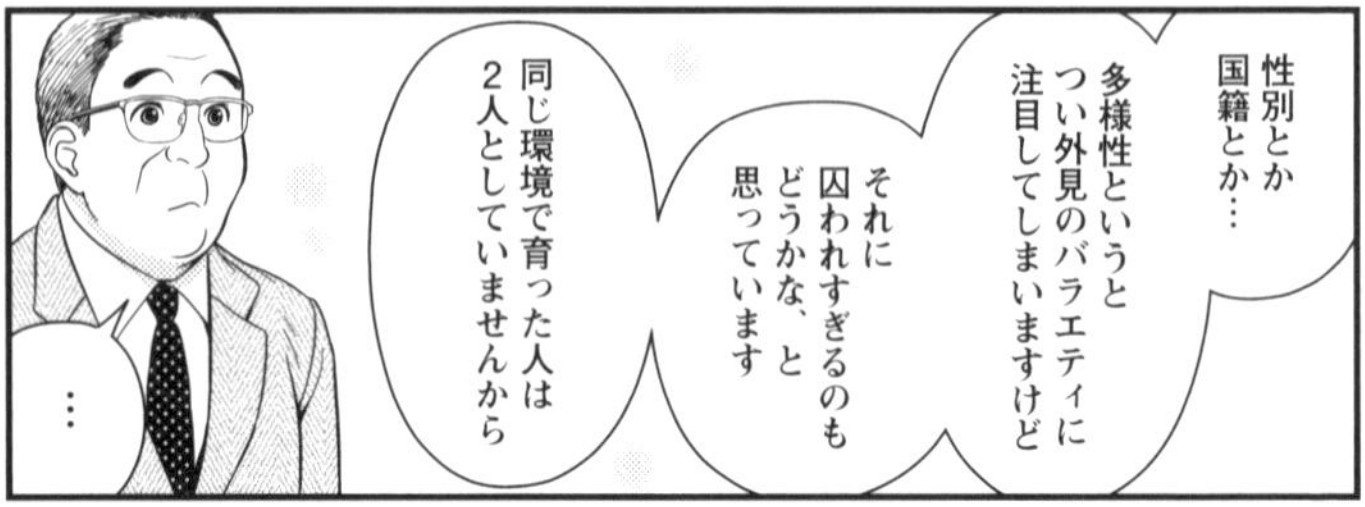
性別とか
国籍とか…
多様性というと
つい外見のバラエティに
注目してしまいますけど
それに
囚われすぎるのも
どうかな、と
思っています
同じ環境で育った人は
2人としていませんから
…

まれ得る。その結果、イノベーションのチャンスが広がるのだ。

しかし、十和田は無意識に「自分の（会社側の）パラダイムが優先されるはず」と甘く見積もってしまった。7つの習慣を踏まえると、十和田は個人としての自立が不十分だったせいで、他者の自立性と真剣に向き合う資質に欠けていたといえる。その結果、メンバーがお互いの利益を認め合うＷｉｎ－Ｗｉｎの関係に至るきっかけを見出せず、シナジー的な協力関係への道を困難にしてしまった。

本来なら、チーム1人ひとりの仕事に対するパラダイムを、ありのまま打ち明け合う場が最初に必要だった。お互いに、自分のパラダイムをいったん忘れて、相手の視点で問題を見てみる機会だ。

十和田が最後に提案した「みんなの話を聴き合う場」は、7つの習慣をベースに考えれば、次のようなステップで深まっていくことが望ましいといえる。

まず、十和田に端を発している「お互いの違いを認めつつ、全員が充実した思いで働ける職場にしたい」という思いをみんなが持っていることを確認する（第4の習慣「Ｗｉｎ－Ｗｉｎを考える」）。自分が満足できる道を探せるのだから、真摯《しんし》な思いが伝われば、メンバーから反対の声が挙がることはないはずだ。

その上で、みんながどういう気持ちで仕事をしているのか、順に耳を傾け合う（第

5の習慣「まず理解に徹し、そして理解される」）。この時点で、お互いに対する不満はかなり減少するだろう。大切なものが何かを理解し合うことで、それまで不可解だったり、不満を感じていた相手の行動にも、動機があり、目的があり、その人なりにベストを尽くそうとしていたことが見えてくるからだ。

❄制度に手を入れるのは一番最後が理想

最後に、みんなが納得できる職場環境とは何か、について話し合う。この段階では、互いの価値観を理解し合っているから、話し合いは攻撃し合ったり譲り合ったりするものではなく、共感、尊重し合いながら、新しい何かを目指す創造的なものとなるはず。誰の案を採用するか、ではなく、誰の案でもないベストの形（第3の案＝シナジー）を目指す議論となるのだ（第6の習慣「シナジーを創り出す」）。理想をいえば、勤務体系や人事・報酬制度に手を入れるのは、この段階に入ってからのほうが、メンバーの納得感が違ってくるため、望ましいだろう。

メンツは
ありふれていて
構わないわけだ
え
何ですか？

もちろん、十和田のような立場の人物は、「この人になら本音を話せる」「人の意見に安易に流される人ではない」という信頼を周囲から得ている必要がある。第1の習慣「主体的である」などを意識しながら、ブレない心を鍛えていかなければならない。

ピンク･ジン

Pink Gin

材料

ジン	1グラス
アンゴスチュラ･ビターズ	2～3 dashes

つくり方

材料をステアして、カクテル・グラスに注ぐ。

ジンの魅力を再発見できるジン好きのためのグラス

ピンク・ジンはレシピの通りほとんどジンで、とても強いカクテル（46～47度）。しかし、それでもステアによって、ジン特有の刺激が丸くなり、ジンの深みと存在感を落ち着いて味わえるようになるから不思議だ。ジンの種類を変えて楽しむのもいい。アンゴスチュラ・ビターズは琥珀《こはく》色なので、色合いは、ごく淡いゴールドとなる。

アンゴスチュラ・ビターズはリキュールの一種で、トリニダード・トバゴのアンゴスチュラ社が製造する商品の名前。独特の苦みを持ち、アンゴスチュラ（ミカン科）の樹皮を漬け込んでいるとかいないとか、40種類以上の素材が使われているなど諸説あるが、材料は秘密になっているので、真偽はわからない。

同じレシピでつくり方を変えると、ジン・ビターズになる。アンゴスチュラ・ビターズをシェリー・グラスに振り入れ、グラスを回して内側にまんべんなく広げる。余ったビターズは振り切って捨て、そこに冷やしたジンを注ぐ、という具合だ。その前に氷を入れるオン・ザ・ロックスのスタイルも楽しまれている。アンゴスチュラ・ビターズの代わりにオレンジ・ビターズを使用すると、イエロー・ジンになる。

Chapter

2

本当に"使える"人は何が違う?

7つの習慣で本当の「即戦力」を高める

多くの企業が人材として「グローバルに活躍できる即戦力」を求めている。
では、英語ができて、専門知識があれば
「ぜひうちで働いてほしい」という人材になれるのか。
「7つの習慣」で、相応しいアプローチを考えていこう。

まんがの導入

就職活動の結果に不満な百瀬。彼もまた、即戦力の意味を誤解していた。
スキルを磨きながら、転職活動に励むのだが——。

百瀬さんは？
さっきスーツ着て「ちょっと出てくる」って
また？ 総菜ケースのストックがどこにあるか聞きたかったのに…
…いつもの場所にないの？
昨日、業者さんから百瀬さんが受け取ってたけど…
あったあった
こんなところに…
こういうのは社員の人がちゃんとしてくれないと
あの人店長と主任が本部に行ってる日にこういうこと多くない？
ねー
パタン
？ 打ち合わせか何かじゃないの？
どうだかねえ…
？
MARUNANA SUPERMARKET
異業種交流ランチ会 vol.10
ザワ
ザワ
ザワ
百瀬です よろしくお願いします
百瀬《ももせ》 遼《りょう》
スーパーマーケットに勤務
密かに転職活動中

へえ
転職を
考えてるんですか
はい
正直
学生時代の就職活動では
失敗しちゃいましたけど
自分としてはもっと
グローバルな
ビジネスをしたいと
思っていまして
ここには
情報収集に？
ええ
次こそ
準備万端に
いきたいな、と
いつか自分も
みなさんみたいな人と
ビジネスをつくれるように
なりたいです
希望の業種とかは
あるの？
できれば金融とか
商社とか…
元気な
ベンチャー企業に入るのも
おもしろそうですよね
MARUNANA
SUPERMARKET
いつまでもあんな会社に
いられないって
仕事を任されて
辞めづらくなる前に
何とかしたいよ

よし
店長よりも
先に帰れる
またいろんな人と
話せた
本宮 賢輔
こうやって
人脈を広げていけば…
友達申請しておこう
「転職するなら
使えるスキルを
もっているかどうかが
重要かもしれないね」
やっぱり
即戦力だよなあ…
ガタン…
ビジネス英会話
ガタン…
翌日
MARUNANA
SUPERMARKET
今日から新しく
総菜コーナーに
加わってくれる
成田チカさんだ
みんなよろしくね
あの…
バイト自体
初めてなんですけど…
よろしく
お願いします！
わからないことがあれば
百瀬くんに聞いて
は、はい
よろしく
お願いします
あ
はい…
なんか
使えなさそう…

というか
バイトの教育係とか…
勘弁してよ…
だいたいわかった？
まだ全然覚え切れてませんけど…
ベテランの
目黒さん
あとは慣れだから
で、総菜の調理は目黒さんのほうが詳しいからそっちに聞いてもらっていい？
パートさんのシフト調整は俺がやってるから
希望の日程を毎月出してね
今日はもう上がっていいよ
帰って勉強もしたいし体力温存しとかないとな
はい！
目黒さん！
教えていただけますか？
よくやるよ…

※カミカゼ：ウォッカをベースに、ホワイト・キュラソーとライム・ジュースを加えたカクテル

じゃあ結果が楽しみだね
ええ
努力した甲斐がありましたよ
MARUNANA SUPERMARKET
数日後
おはようございます！
おはよー チカちゃん
ムスッ…
何だよあれ…
どうして私が不採用なんですか？
もう1人の人が採用されたって本当ですか？
この間面接に行った企業に採用されました！
SNSでライバルの結果を知った

選考の詳細についてはお答えできないのですが…
そんなので納得できるかよ
正直私のほうが資格やスキルでは上回っていたと思います
御社はグローバルビジネスで即戦力を求めておられましたよね？
それなら…
確かに履歴書の上ではその通りかもしれませんけど…
じゃあどうして――
「グローバルな人材」とか「即戦力」って
そういうことでもないんですよ
は…？
おいしい水
…さん
百瀬さん
わけわかんねーよ
すすみません！
あ…
ごめん何？

あ、あの
実は
お総菜の売上を
伸ばす相談を
ほかのパートさんと
していて
ご意見を
伺いたいのですが…
こんなの
どうでしょう?
あー
いいんじゃない
やってみれば
本当ですか?
君たちだけで
やれるんでしょ?
はい
調理とかはもちろん
でも主任が
何て言うか
ふーん
じゃ
俺が話すよ
潰して
恨まれるのも
面倒だし
事務室
いいんじゃ
ないか!
おもしろそうで
いいんじゃない
だって
珍しい材料も
必要なさそうだし
やってみればって
やった〜

OKもらえましたー!
バイトのくせによくやるよ…
彼女いいんじゃないか
はあ…どうですかね
バイトの子が提案してくれるのは嬉しいもんだろ
数日後
私の出身地のおかずです。
総菜コーナー
成田
福井県
大根の葉のきなこ和え
うまくいくのかね
ごはんにのせてもおいしいんですよ!
へえ…

後日
MARUNANA
SUPERMARKET
あれ
本部の事業本部長じゃない？
うそ
初めて見た
あの…
事業本部長がどうしてここに…
この店舗のユニークな試みが人気らしいと聞いてね
あ…
私の出身地のおかずです。
の葉のきなこ和え
そういえば君からの提案だったたな
はあ、まあ…
あれ
なかなかおもしろいね
店舗全体で採用しようと思っているんだ
本当ですか！
できれば詳しく話を聞きたいんだが
はい
もちろん
えっと…
…
チラ

君は…?
ええと…
この子なんですよ
スタッフの出身地の郷土料理を総菜に出してみようって言いだしたの
いえ 具体的にはみんなで考えて…
ほう
でもどうして?
余った食材を有効に使う方法はないかなと思いまして…
でも、どうせならつくっていて楽しいほうがいいかなあ、と
パートのみなさんこのあたりの出身でない方が多かったので…
なるほど
現場のつながりを生かしながら自分の考えを実践してみたってわけか
そんな大げさなものじゃ…
…

なかなか おもしろい子だな
でしょう
彼女なら どこに行っても 通用するんじゃないか
ええ
それは 褒めすぎじゃ ないですか？
ただのアルバイトに…
いや ああいうふうに 自分の価値判断で 行動する人は 信用できる
自分の意見に こだわらないのも いいね
それって 矛盾してるような…
ふふ 君にはそう感じるか
でも スキルが生きるかどうかは 人格ありきなわけだから
即戦力っていうのは ああいう子のこと なんだよなぁ
は…？

※ボルガ・ボートマン：ウォッカ、チェリー・ブランデー、オレンジ・ジュースを合わせたカクテル。
60ページコラム参照

珍しいの飲んでるね
ゴク…
なんか…
仕事ってよくわからないですね
何かあったの？
いや…
スキルが必要と言ってみたり周りに合わせろと言ってみたり…
結局企業が欲しいのは従順で手を動かすのが速い人なんですかね
そういうわけではないと思うけど…
じゃあ結局「使える」って何なんですか？
…

そういえば マスターがバーテンダーになったきっかけって何かあるの？
え
ええ
教えてよ
改めて聞かれると恥ずかしいですが…
最初から「この道しかない」って思ってたの？
中にはそういう方もいますね
でも私は違います
というと？
正直仕事は何でもよかったんですよ
かっこよく人をもてなす仕事がしたかっただけで
はは まあ若い頃はそんなもんだよね
ええ
お酒のことも何も知りませんでした
…
じゃあいろいろ試してこの仕事にハマッたんだ
そういうことになりますね

カクテルの世界は奥が深いですから
入ってみてからじゃないとわからないことのほうが多いと思います
「その道」で成功するのに必要なのは
入る前にどれだけできるのかではなくて
入った後でどれだけ腹を括《くく》って関わっていけるのか
ということかもしれないね
…
それで思い出した
私ビジネス通訳の仕事で日本の担当者が海外の人との打ち合わせをするのに同席することがあるんだけど
資料はその人が英語でつくるのが普通なの
でも話してみるとそういう人たちって意外と
「英語は学校で習っただけです」
っていう人多くない？
あー そうかもしれませんね
結局僕も英語を話せるようになったのは仕事で必要になったから、みたいなところあるし
海外展開している和菓子屋の店主
え…

じゃあ「これができます」っていうのはあんまり意味がないってことですか？
会社によって仕事っていろいろあるからねぇ
…
結局、どんな仕事もカバーするスキルなんて身につけようがないってことじゃないかな
そういうことですね
それじゃ「結果が出せる人かどうか」なんてわからないじゃないですか
「そういう人が欲しい」って企業はいつも言っているのに…
スキル求む
即戦力重視
うん
でも仕事の結果って終わってみるまでわからないし
大きな結果は小さな結果の積み重ねでしかないから
…
例えば「店を大きくしたい」と思っているからって
それを直接実現することはできないよね？

あなたが原則中心の生き方をしているなら、その場の感情のように、あなたに影響するさまざまな要因から一歩離れ、いくつかの選択肢を客観的に検討するだろう。
仕事上のニーズ、家族のニーズ、その状況に関わっている他のニーズ、さまざまな代替案の可能性、すべてを考え合わせ、全体をバランスよく眺めて最善の解決策を見出す努力をする。

——『完訳 7つの習慣 人格主義の回復』 P.163——

人間関係を深めるテクニックやスキルがあるとすれば、
それは真に自立した人間から自然と出てくるものである。
だから、どんな人間関係でも、まずは自分の内面に土台を築かなければならない。
…自分の人格を磨かなくてはならない。

――『完訳 7つの習慣 人格主義の回復』 P.256――

大勢の人々のためになる仕事をどれほど効率的にできたとしても、
一人の人間との関係を築けるしっかりした人格が育っていなければ、何の意味もない。
個人対個人の関係、人間関係のもっとも基本的なレベルにおいてこそ、
愛と人生の法則を実践しなければならないのである。

――『完訳 7つの習慣 人格主義の回復』 P.281――

相手の話をよく聴き、深く理解しようと努める。そして自分の意見は勇気を持って述べる。

相手の出方に反応してはいけない。

自分の内面の奥底から、主体的であるための人格の強さを引き出すように努める。

お互いに満足できる解決策を真剣に探そうとしていることが相手に伝わるまで、
信頼関係を築く努力を続ける。


――『完訳 7つの習慣 人格主義の回復』 P.315～316――

あっ
おはようございます
おはよう
今日も…元気だね
はい！
みなさんと話してるとすごく勉強になります
やりたいことがあるから変わっていけるわけか…
え 何ですか？
いや何でもない
俺も君を見習ってみようかと思って
え？そんな

Comment
02

「成果を出す人」に学ぶならスキルより人格を見る

企業は本当に「スキル豊富な即戦力」を求めているのか

企業は、口を揃えて「グローバルに通用するスキルを持った即戦力」が欲しいという。その結果、「儲かる資格」「10年後も食べていけるスキル」に飛びついて、専門的な知識や処理能力を獲得することで自分の価値を高めようとしている人も多い。

だが、企業が求める「グローバルなスキルを持った即戦力」とは、本当に文字通りの人のことなのだろうか。その言葉を真に受けて、そういう人材になろうとすることは、本当に職業人としての成功と幸せにつながっているのだろうか。

実際、企業は「一緒にやりたいと思う人が欲しい」といった人間性を求める曖昧な言い方もする。そこで、まんがに登場した百瀬のように混乱する人が出てきてしまうわけだ。

スキルやテクニックを追いかける人生には実りがない

百瀬の悩みの原因は何か。それはコヴィー博士が真っ先に追いかけるべきではないとした「個性主義」を彼は第一に考えて、周囲に自分を認めさせようとしていた点にある。個性主義とは、表面的なテクニックやスキルを伸ばすことで、自分の価値を高めていこうとする考え方だ。

スキルによって自分を高く見せようとするのは、分不相応なブランド品を身に着けて人前に立つようなもの。同じかそれ以下の人格レベルの人からは、うらやましがられるかもしれないが、見る人が見れば滑稽なだけだ。流行に振り回され、いつまでも「自分の型」を持てないから、一目置かれることがない。一流のファッションで「似合うね」と賞賛や尊敬を集めたいなら、自分自身が一流の人間になるしかない。

よい収穫のためには土壌を豊かにする努力しかない

これは「Ｐ／ＰＣバランス」を意識することが重要、という話につながる（138ページ）。Ｐは「成果」、ＰＣは「成果を出す能力」のこと。成果は農業にたとえれば収穫であり、成果を出す能力は土壌だ。収穫を直接手にすることはできない。農夫にできるのは、土壌を豊かにする努力だけ。そして、豊かな土壌があって初めて、実りも豊かになる。

　従って、優秀な人から何かを盗もうと思うなら、スキルそのものではなく、資質や人格に注目したほうがいい。（知識やスキルを更新する）努力を惜しまないところ、自分や他人に誠実なところ、思いやりがあるところ、諦めないところ、聴き上手なところなど、さまざまな美点（土壌の良質さ）が見えてくるはずだ。そして、もっとよく見ていると、そうした美点から人間関係が育まれ、チャンスが生まれていることにも気づけるようになる。

　土壌が豊かな人は、「何があっても自分の芯は変わらない」という自信があるから、新しい事態にも柔軟に対応できる。自分を見失わず、変わっていくことを恐れないから、グローバルに生きていける。逆に、スキルにこだわるあまり、芯を磨いてこなかった人は、硬直した反応しかできない。スキルがアイデンティティーの拠り所になっているため、それを手放せないのだ。

　また、チャンス欲しさのあまり「何でもやります」という人は、重要な人材にはカウントされづらい。言いなりに動く人は便利だが、評価する側からすれば、芯がなく、組織にとって新しい着眼点や考え方をもたらしてくれそうな可能性を感じないからだ。

「その道」で成功するのに必要なのは
入る前にどれだけできるのかではなくて
入った後でどれだけ腹を括《くく》って関わっていけるのか
ということかもしれないね

「いま自分ができること」に注力して信頼を得る

チカがアルバイトを始めた理由は「食べることが好き」という単純な答えだったが、その根っこには「自分の仕事で喜んでもらえるのが嬉しい」という貢献の意識があった。そして、自分の立場でできることに注力し、役立とうと努力した。

その結果、周囲の信頼と協力を集め、挑戦する権利を得ることができたのだ。言い換えれば、チカは影響の輪の中での努力に集中したことで、自分の影響力を広げることに成功した（126ページ）。彼女なら、自分の価値観と合致する職場であれば、何でも積極的に学び、新しいスキルを身につけていくだろう。やがて10年もすれば、文字通り「スキル豊富な即戦力」となる。だが、すべての始まりは彼女の人格にあった、という点を忘れてはならない。

人格という土壌を育むには原則（120ページ）に基づく価値観を大事にし、原則を中心とした生き方を実践するために第1の習慣「主体的である」、第2の習慣「終わりを思い描くことから始める」、第3の習慣「最優先事項を優先する」の継続が大切だ。立派な人格に近づく中で「この人と一緒に仕事がしたい」という人も少しずつ増え、公的成功への道も開けてくるのだ。

芯があって柔軟な人、かな

ボルガ・ボートマン

Volga Boatman

材料

ウォッカ	1/3
チェリー・ブランデー	1/3
オレンジ・ジュース	1/3

つくり方

材料をシェークして、カクテル・グラスに注ぐ。

仕事を終えた舟人たちがグラスを傾けたフルーツの恵み

ボルガ河の舟人が好んだことに由来するといわれるカクテル。ボルガ河は、全長3688kmで、ロシア西部を流れるヨーロッパ最大の河。ロシアの河川による貨物輸送量の3分の2以上がボルガ河を通るほど重要な内陸水路で、古来、ロシア人には「母なるボルガ」と愛され、民謡などにも多く歌われている。

ボルガ・ボートマンは、琥珀色のチェリー・ブランデーとオンレジ・ジュースの色が混ざり合う紅茶のような色合いのカクテルで、アルコール度数は21 ～ 22度程度と決して弱くはないが、飲み口は甘く飲みやすい。材料は、カクテル・バーなら必ず備えているありふれたものばかりなのに、それを混ぜ合わせると“化ける”から、カクテルはおもしろい。オレンジ・ジュースは搾りたてだと、また格別。季節のフルーツを使ったカクテルを出しているバーで、カウンターにオレンジが置いてあるなら、それを搾ったボルガ・ボートマンを頼んでみよう。チェリー・ブランデーの代わりに※キルシュワッサーを用いることで、よりドライ（辛口）な味わいに仕上げるレシピもある。

※キルシュワッサー：サクランボを種ごと潰して、その発酵液を蒸留して製造するリキュール

Chapter

3

女性にとって“私らしい”人生とは？

7つの習慣で「自分らしく」人生を生きる

昔に比べ、女性も多様な生き方が選べるようになった。
しかし、だからこそ生き方に迷う人も多い。いろいろ選べるせいで、
かえって自分の選択に不安を感じてしまうのだ。
人生に自信を持ちたい人に、「7つの習慣」は何を教えてくれるのか。

まんがの導入

高校の同級生の英子、愛、むつみは三者三様の人生を送っていた。
けれど誰も自分が手にしているものには満足しておらず——。

Seven's Daughter
Seven's Daughter
あ
仕事の電話がきちゃった
先に入ってて
千石《せんごく》 英子《えいこ》
大手企業の総合職
はーい
キィ…
いらっしゃいませ
わあ
億山《おくやま》 愛《あい》
中小企業OL。婚活中
かわいいお店だね
万場《まんば》 むつみ
専業主婦。2児の母

※ミモザ：シャンパンにオレンジ・ジュースを合わせたカクテル。88ページコラム参照

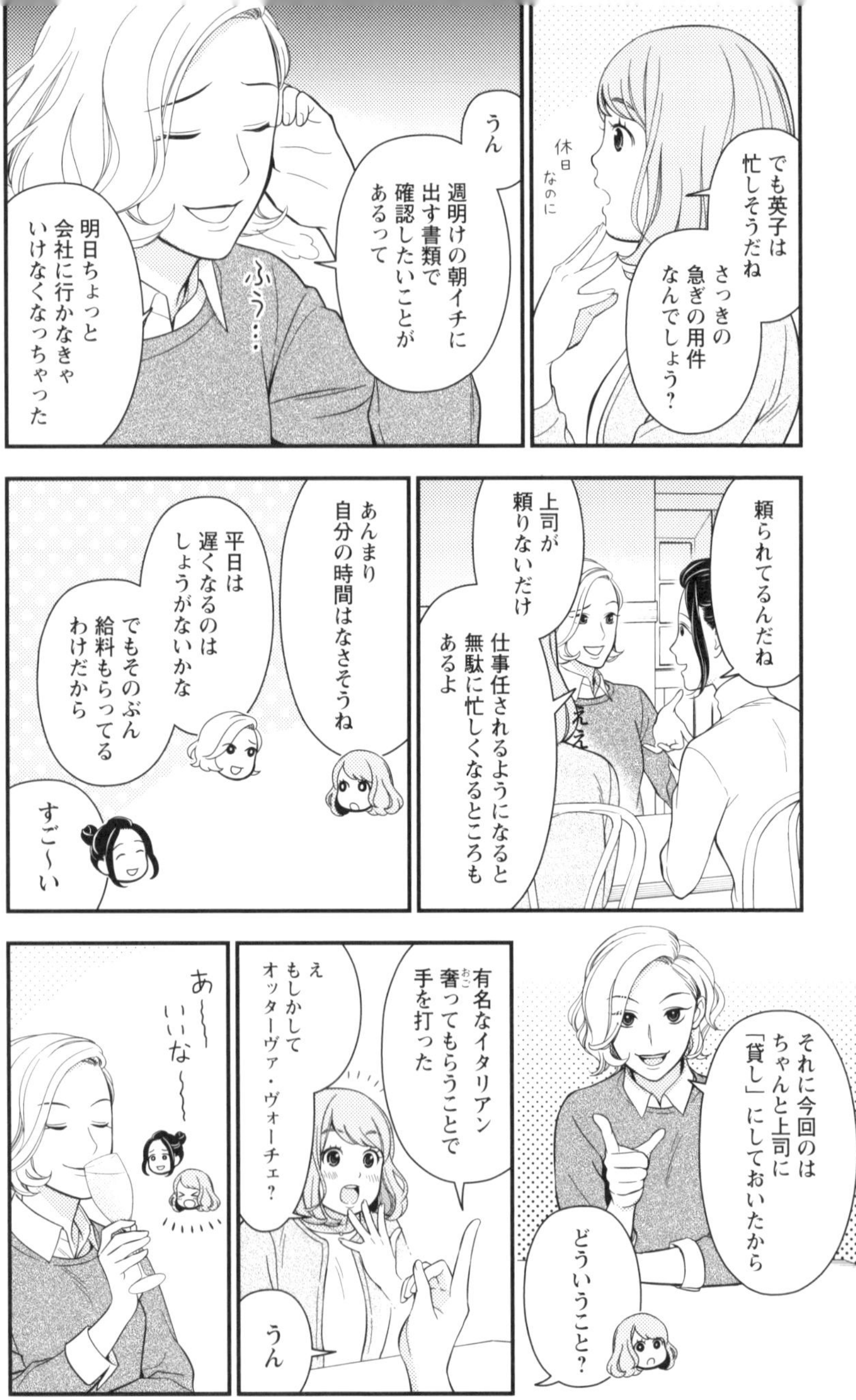
でも英子は忙しそうだね
さっきの急ぎの用件なんでしょう？
休日なのに
うん
週明けの朝イチに出す書類で確認したいことがあるって
ふぅ…
明日ちょっと会社に行かなきゃいけなくなっちゃった
頼られてるんだね
上司が頼りないだけ
ええ
仕事任されるようになると無駄に忙しくなるところもあるよ
あんまり自分の時間はなさそうね
平日は遅くなるのはしょうがないかな
でもそのぶん給料もらってるわけだから
すご～い
それに今回のはちゃんと上司に「貸し」にしておいたから
どういうこと？
有名なイタリアン奢《おご》ってもらうことで手を打った
え もしかしてオッターヴァ・ヴォーチェ？
うん
あ～～ いいな～～～

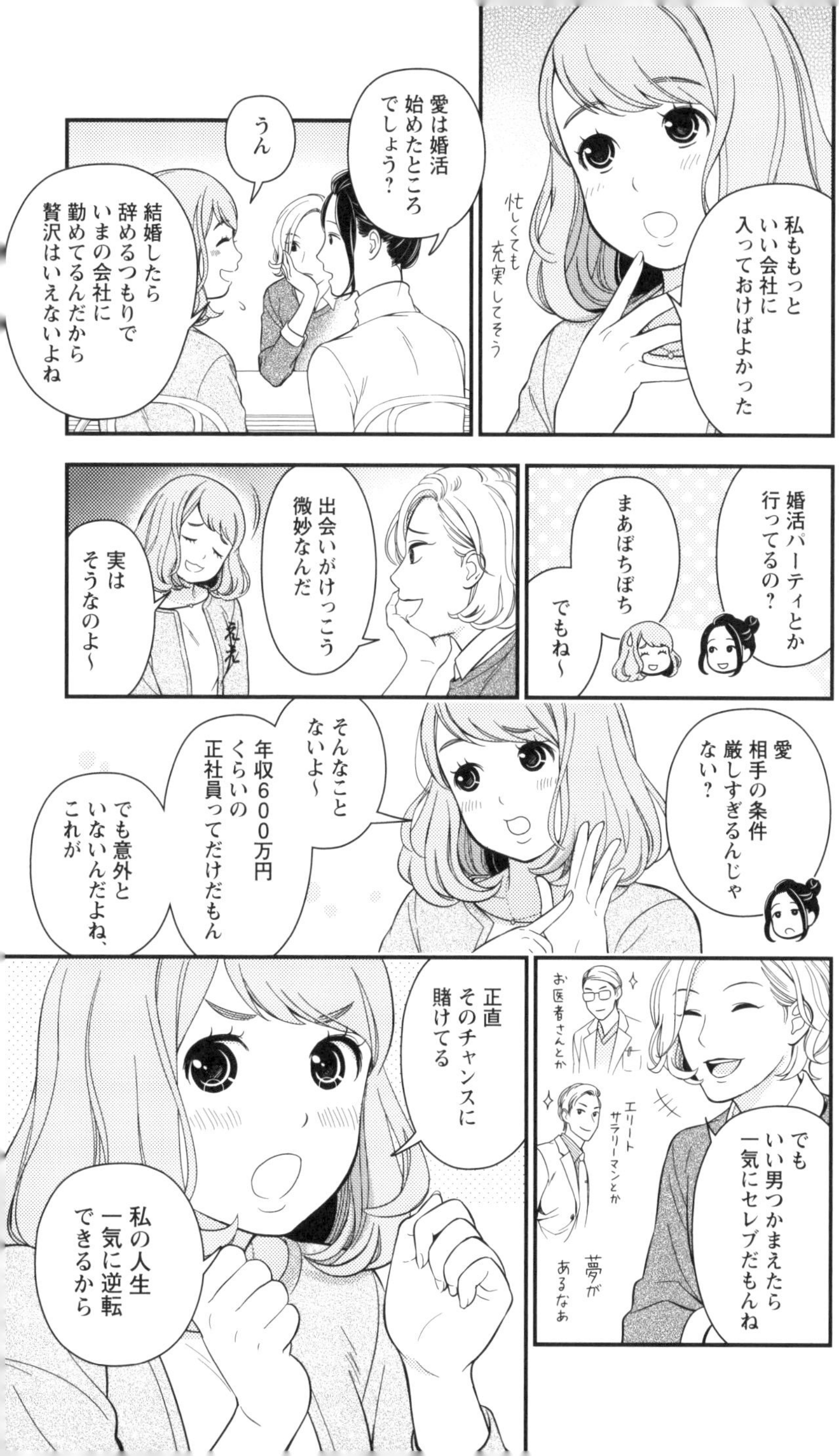
私ももっといい会社に入っておけばよかった
忙しくても充実してそう
愛は婚活始めたところでしょう？
うん
結婚したら辞めるつもりでいまの会社に勤めてるんだから贅沢はいえないよね
婚活パーティとか行ってるの？
まあぼちぼち
でもね～
出会いがけっこう微妙なんだ
実はそうなのよ～
ええ
愛相手の条件厳しすぎるんじゃない？
そんなことないよ～
年収600万円くらいの正社員ってだけだもん
でも意外といないいんだよね、これが
でもいい男つかまえたら一気にセレブだもんね
お医者さんとか
エリートサラリーマンとか
夢があるなぁ
正直そのチャンスに賭けてる
私の人生一気に逆転できるから

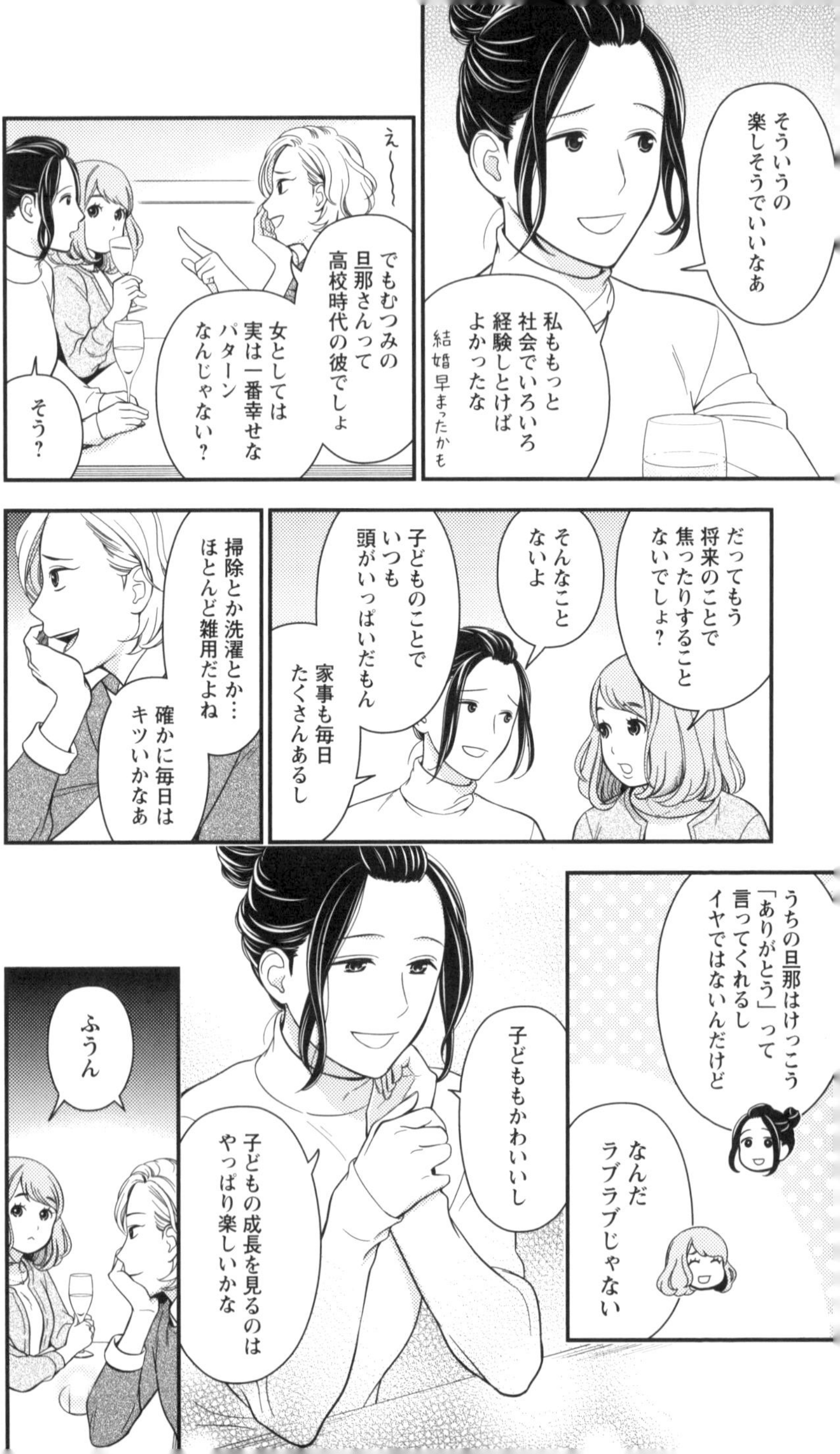
そういうの
楽しそうでいいなあ
私ももっと
社会でいろいろ
経験しとけば
よかったな
結婚早まったかも
え〜〜〜
でもむつみの
旦那さんって
高校時代の彼でしょ
女としては
実は一番幸せな
パターン
なんじゃない？
そう？
だってもう
将来のことで
焦ったりすること
ないでしょ？
そんなこと
ないよ
子どものことで
いつも
頭がいっぱいだもん
家事も毎日
たくさんあるし
掃除とか洗濯とか…
ほとんど雑用だよね
確かに毎日は
キツいかなあ
うちの旦那はけっこう
「ありがとう」って
言ってくれるし
イヤではないんだけど
なんだ
ラブラブじゃない
子どももかわいいし
子どもの成長を見るのは
やっぱり楽しいかな
ふうん

…でも
一長一短だね
どんな生き方も
ねー
女は選択肢が広がったっていうけど
それでかえって息苦しくなったっていうか…
あるある
私も「もしかしたら別の生き方があったかも」なんて思うもん
まあでもこの2人よりはマシかな
また絶対集まろうね
ね〜
また近況報告し合おうよ
パタン…
「ほかの2人には出し抜かれたくない」ってとこかしらね
…え？
さっきの3人
ああ
三者三様って感じでしたね
でも誰も納得してなかったでしょう
いまの自分の境遇に
…そうでしたか？
幸せが「ゴール」だと思ってるのよね
…

Case 1：英子の場合

会社の飲み会にて
じゃあもう1軒行くか
さんせーい
…悪い
俺嫁が起きて待っててくれてるから…
私も今夜は失礼するよ
あまり酔って帰ると娘がいい顔しないんだ
私も旦那に子ども見てもらってるんで…
こ…今夜はお開きにしよっか
そ そうね
帰る場所かあ…
私にはないかもなあ…
仕事では周りと張り合ってばっかりだったし…
お姉ちゃん暇なら飲みに行かない？

ヒック
…
ねえ行こうよ いいバー知ってるよ
いや いいです…
私 同類だと 思われてるわけ？
…「私」を 待っててくれる人…
ちょっと… 欲しいかも…
ふっ
…って 手遅れかしらね

Case 2：愛の場合

婚活パーティにて
ザワ
ザワ
ザワ
はい では男性は 隣の席に 移動してください
こんにちは 飯田です
億山です

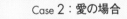

では10分間会話をお楽しみください
えと…すいません 僕こういうパーティまだ慣れてなくて
お勤めはどちらですか？
ニコッ
住藤商事です
ホントですか！じゃあ年収もけっこう…
やった一流企業だ
ええまあそれなりには
え？もしかして1000万円よりも上？
僕の年齢ではそこまでは
でもまあ順調にいけばいずれは見えてくるかな、と…
優秀な方なんですね
やった当たり！
それでお住まいは…
いまはマンションで一人暮らしです
親は地方なんで
そうですか！
大当たり！
義父母との同居はカンベンだもんね！
それでご趣味とかってあるんですか？
週末によく国内を旅行してます
最近はどちらに…

Case 3：むつみの場合

あっ
もう帰りのバスの時間
急げ急げ
帰ったらこの子たちの夕ご飯つくって…
あっ
お風呂の掃除もしないと…
トン…
また何もできずに1日終わっちゃった
いつまで続くんだろう
とりあえずはこの子たちが小学校に上がるまでの辛抱…かな？
続いては
真宮《まみや》明日香《あすか》さんがアジアの青年たちを結ぶ環境NPO活動を本格化させたという話題です

あれ 真宮明日香って…
昔アイドルだった人だよね
結婚して芸能界は完全に引退したはずだけど…
こんなことしてたんだ
若い人たちが環境問題について一緒に取り組みながらわかり合う場を増やせたらな、と思いまして…
は〜…
ピロリン♪
新也
ごめん
今日は仕事で少し遅くなる。
ご飯は先に食べてて。
今日〃も〃、だけどね…
千石 英子
30分前
仲間と仕事の打ち上げ。
このお店の北京ダック最高！
億山 愛
1時間前
公国ホテルの立食パーティに
参加しました♪
料理、美味しかった〜
ふーん
…

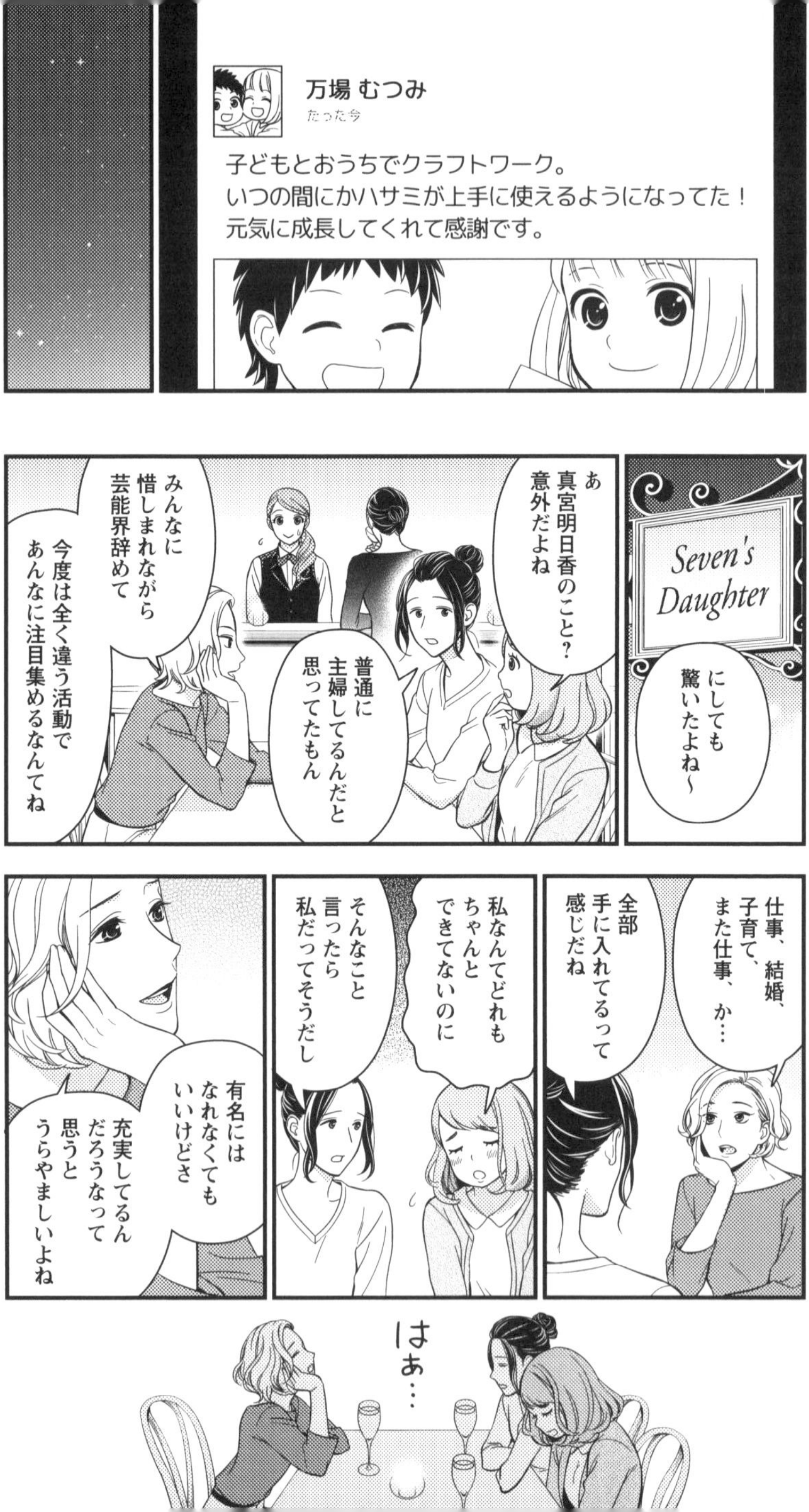
万場 むつみ
たった今
子どもとおうちでクラフトワーク。
いつの間にかハサミが上手に使えるようになってた！
元気に成長してくれて感謝です。
Seven's Daughter
にしても驚いたよね～
ぁ真宮明日香のこと？意外だよね
普通に主婦してるんだと思ってたもん
みんなに惜しまれながら芸能界辞めて
今度は全く違う活動であんなに注目集めるなんてね
仕事、結婚、子育て、また仕事、か…
全部手に入れてるって感じだね
私なんてどれもちゃんとできてないのに
そんなこと言ったら私だってそうだし
有名にはなれなくてもいいけどさ
充実してるんだろうなって思うとうらやましいよね
はぁ…

ねぇ…
ちょっといい？
そんなんじゃ
もったいないわよ
え？
真宮明日香…
さん？
あの…
少し前から
よくいらして
くださっていて
実はこの前も…
ごめんね
この間も
話が聞こえて
しまって…
3人とも
現状にあまり
満足してない
みたいね
いや別に…
確かにちょっと
グチっぽいこと
言っちゃいましたけど…
それぞれ
一生懸命やってるんで
言うほどではないかと…
そうかしら
仕事や結婚、子育てで
どれか1つを選ぶと
ほかが犠牲になるって
思ってるように聞こえたから
そりゃ まあ…
女の人生って
そんなものじゃ
ないですか？

そういうふうに感じるのは
幸せの量が限られていると
思っているからじゃないかな
…どういうこと？
世の中の幸せの量は
決まっているって
思ってない？
自分の取り分を
どうやって増やすかとか
「あっちの幸せを取れば
こっちの幸せは減る」みたいに
…
それは
大間違いじゃ
ないかしら…
ま、まあ
ある意味…
仕事
結婚
出産
子育て…
それはそのぶん
幸せになるチャンスが
多いってこと
なんじゃないかしら
もっと
長い目で見ると
女の生き方って
男よりも選択肢が
多いともいえるでしょう？
でも真宮さん
みたいにはできないし…
そうやって言い訳を
外に見つけようとしては
ダメよ
3人は結局
どのくらい幸せになれたら
満足できるの？
まあ…
普通でいいかと
人並みなら私も
〝普通〟って
どのくらい？
〝人並み〟って
年収いくら？
…

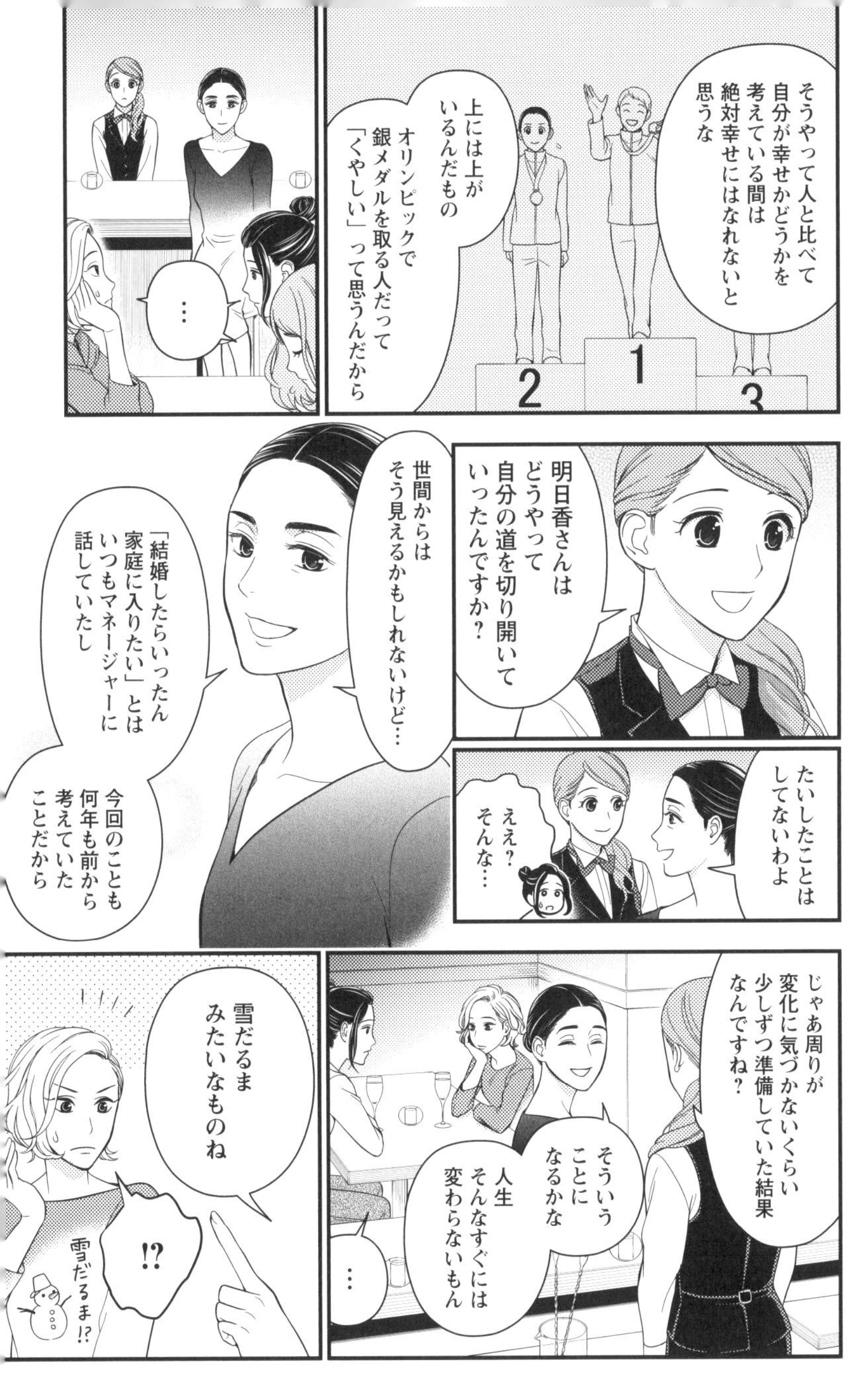

そうやって人と比べて自分が幸せかどうかを考えている間は絶対幸せにはなれないと思うな
1
2
3
上には上がいるんだものオリンピックで銀メダルを取る人だって「くやしい」って思うんだから
…
明日香さんはどうやって自分の道を切り開いていったんですか？
世間からはそう見えるかもしれないけど…
たいしたことはしてないわよ
ええ？そんな…
「結婚したらいったん家庭に入りたい」とはいつもマネージャーに話していたし
今回のことも何年も前から考えていたことだから
じゃあ周りが変化に気づかないくらい少しずつ準備していた結果なんですね？
そういうことになるかな
人生そんなすぐには変わらないもん
…
雪だるまみたいなものね
!?
雪だるま!?

ほら「雪だるま式」っていうでしょう？
あれって人生にもいえることだと思うの
転がり続けていれば少しずつ大きくなるけど
「おもしろそう」とか「うらやましい」とか一時の感情に流されて間違った方向に転がっていくと
間違った人生が膨らんじゃって後で軌道修正するのがすごく大変になるんだよね

セルフ・マネジメントに真の効果性をもたらすには、…意志を活用することだ。意志とは、決断し選択する能力であり、決めたことに従って行動する能力である。他者や周りの状況の影響に動かされるのではなく、自分の考えで行動し、自覚、想像、良心を使って書いたプログラムを実行する能力である。

――『完訳 7つの習慣 人格主義の回復』 P.194～195――

「どこに向かうか」をはっきり決めるってことですね
うん
あくまで自分の意志を基準にすること
「何をしたいか」の気分で考えると周りと比べて焦っちゃうけど
「最終的にどんな人間になりたいか」で考えればその途中で何があったって糧《かて》にできるから
じゃあいまの活動にもそれまでの経験は…
もちろん役立ってるわ
仕事も結婚も子育ても…それぞれが私の価値観を大きく変えてくれたもの
大事なのは何かを大切に思う気持ちの純度を日々高めていくことなのよ
気持ちの純度…

明日香さんはどんな人を目指してきたんですか？
そうね…
「自分が大切な人を笑顔にできる人になりたい」
かな
いろいろやってきているように見えるかもしれないけど
「大切な人」がファンだったり仕事仲間だったり家族だったりと変化してきただけで
私の中では1つのことを追求しているだけなの
つまり…そういう信念があったから周りも理解してくれたってことでしょうか
たぶんね
気分で「あれやりたい」「これやりたい」って言いだしたらただのわがままだから
知らない間に敵をつくってしまっていたかもしれないね
考えたことある？自分がどんな人になりたいか
…
じゃあ質問を変えるね
子どもの頃の自分がいまの自分を見たらどう思うと思う？
「私もあの人みたいになりたい」って憧れてくれるかな？

真に主体的で非常に効果的な人間になるためには良心を鍛えなければならない。しかし良心を鍛えるには、より高い集中力、バランスのとれた自制心が必要であり、良心に誠実であることを常に心がけなければならない。…崇高な思いを巡らせ、…小さく、か細い良心の声に従って生きなければならないのである。

――『完訳 7つの習慣 人格主義の回復』 P.453――

自分を効果的にマネジメントできている人は、自分の内面にある規律に従い、意志を働かせて行動している。内面の奥深くにある価値観とその源に従い、自分を律している。感情や衝動、気分に流されず、自分の価値観を優先できる意志と誠実さを持っているのである。

――『完訳 7つの習慣 人格主義の回復』 P.195～196――

[私の役割]
娘
姉
友人
会社員
ー部下
ー先輩
ー同僚
ー取引相手
地域社会の一員
私にもこんなに役割が…
ひょっとして私男に負けないことにこだわりすぎてた…？
男と張り合って結果を出したとしても…
子どもの私が憧れる私ってたぶん…
そんなのじゃないよね
そっか…
結婚したら私には新しい役割が生まれるんだ
「私にどんなことができるのか」って
そういえばあまり考えてなかったかも…
妹
OL
妻
母親
妻
母親
ママ友
私…成り行きで妻になって母親になってただけだったかも…
妻でいること、母親でいることは意識してなかった
でもできればずっとあの人の妻で
この子たちの母親でいたいな
何だろう
私にできることって──

Case 1：英子の場合

Case 2：愛の場合

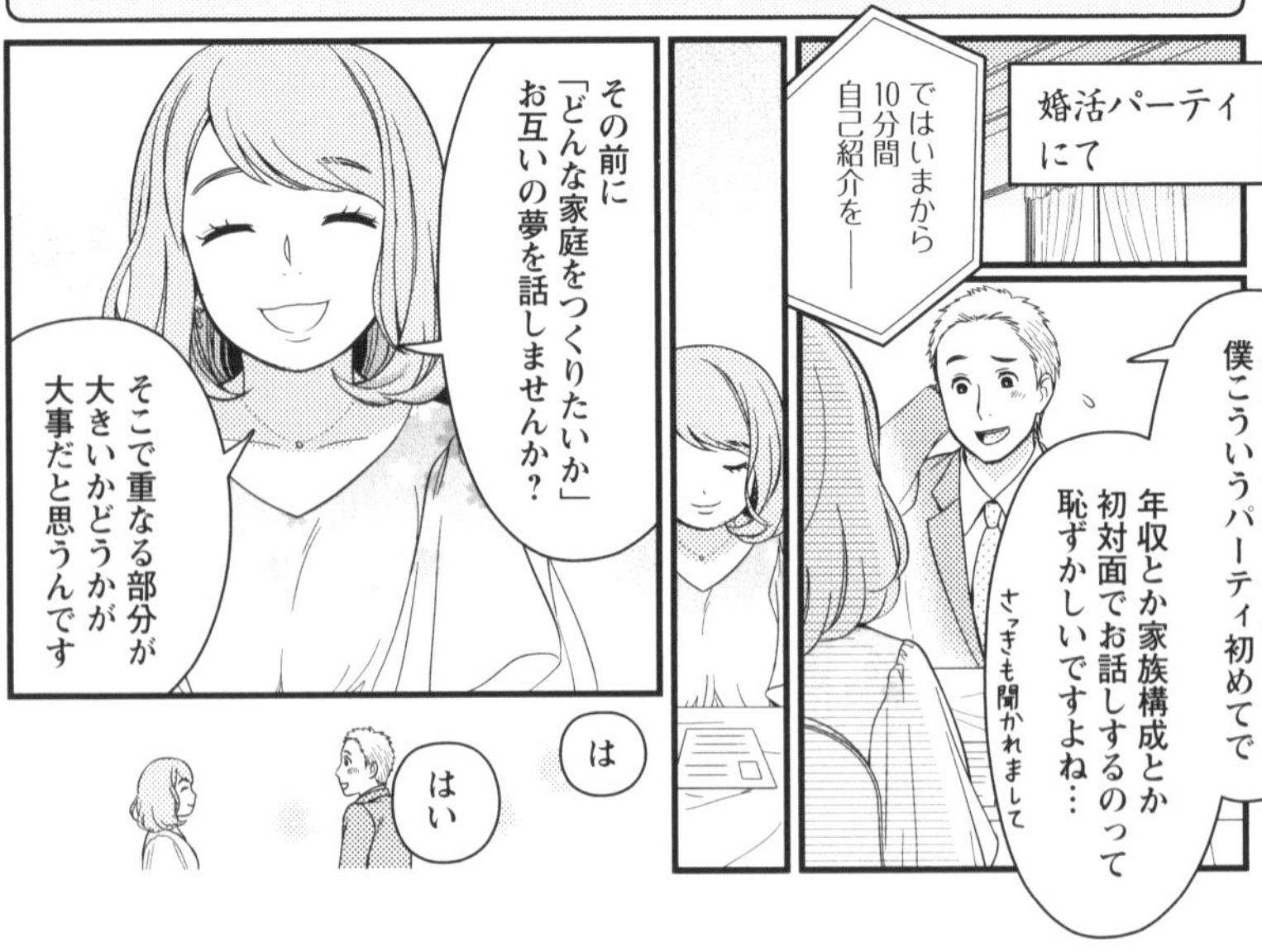

Case 3：むつみの場合

心の安定は自分自身の内側から生まれる。
頭と心に深く根づいた正確なパラダイムと正しい原則から生まれる。
心の奥深くにある価値観と一致する習慣を日々実践する誠実な生き方、
内から外へ、インサイド・アウトの生き方から生まれるのである。

――『完訳 7つの習慣 人格主義の回復』 P.441～442――

Comment
03

「自分らしい人生」は良心の声から見つける

「自由に生きていい」から、かえって生きづらい!?

1、2世代前の女性に比べれば、1人の女性の生き方として認められる選択肢の数は、確実に増えている。だが、「だから女性が生きやすい世の中になった」とは、一概には言い切れない面もある。「自分の価値観に従って、自分に正直に生きて構わないんだよ」といわれることで、かえって迷いが生まれてしまっている人も多いからだ。

「自分らしい生き方」がもてはやされる中、本当に「これが自分の人生だ。私だけの生き方だ」と胸を張って日々を送っている人は、決して多くはない。

「自分は幸せだ」と思いたくて周りと比べてしまう

まんがの中で英子は、仕事に生きることを優先する。愛は結婚相手を見つけることを目指しており、むつみは主婦として、夫と子どもを支える生活を送っている。だが、彼女たちは決して「この道でいいんだ」とは確信できていない。「ほかにもっと幸せになれる方法があるのでは？」と目移りしてしまっている。「私の取り分であるはずの幸せを誰かにかすめ取られていないか」という不安もあるからだ。しかし、それでも自分の選択は正解だったと思いたい。だから、軽口で自分の日常を腐すが、ほかの2人に同調されると、逆に自分だけの幸せを語り、無意識に張り合う。「私は幸せだ。2人もそう思うよね？」と同意を求め、幸せなふりをする。

　こんな3人には「豊かさマインド」が欠けているといえる。豊かさマインドとは「幸せの量は無限であり、世界中の全員を満たしてもなお余りある」というパラダイム。豊かさマインドを持ち、自分の生き方が使命に即したものだと確信できていれば、「いまはこの道で精いっぱいがんばって幸せになろう。状況が変わったら、またそのときは新しい使命をやり遂げて幸せをつかめばいい」と思えるはずだ。どの道にも生きがいと幸せはある。人をうらやむ必要はないと思え、焦ることがなくなる。

　豊かさマインドは、人間関係を前提とする第4の習慣「Win-Winを考える」でコヴィー博士が紹介している考え方だが、人生の選択に迷いが生じたときも、ぜひ思い出したい。

❊ 自分の役割を思い出し、どれも誠実に果たす道を探す

人と比べないと自分が幸せかどうかわからない人は、自分の中に幸せの基準を持っていないことに問題がある。結局、世間の声や常識に囚われて、型にはまった幸せを求めてしまうが、それでは誰かの生き方をなぞるだけ。そこに自分の心が真に満たされる道はない。

本気で自分らしい生き方を見つけるには、「自分は本当はどう生きたいのか」を、嘘偽りのない心境で自分に問う必要がある。自分の良心に尋ね、その答えに耳を澄ませ、客観的に認識するのだ。そのために、コヴィー博士は、ミッション・ステートメントの作成を勧めている（第2の習慣「終わりを思い描くことから始める」）。

ミッション・ステートメントとは、自分の根本的な価値観に基づいた理想的な生き方、あり方を文章化したもの。準備段階として、自分の役割を書き出し、それぞれを誠実に果たす人間としてどうありたいかを考える。英子の場合、そのおかげで、キャリア・ウーマンである自分は、「自分」全体の一部でしかないことに気がついた。「男には負けない」と肩肘を張ることで、全体のバランスに結構無理がかかっているらしい、と自覚したのだ。

自分の幸せのために他者の幸せを考える

最後のシーンでの英子の行動は、単なるお茶くみではない。尊敬する仕事仲間への思いやりの1つと考えれば、「男性だから」「女性だから」と、ことさら意識する必要はないからだ。英子は、そんな小さなこだわりから卒業し、チームの調和のために自分ができることを自然体で形にしたに過ぎない。

愛も同様にして、相手に「してもらう」ことばかり考えるより、相手に貢献し、共に家庭をつくりあげていくことにこそ、幸せの道がありそうだ、と気がついた。むつみは、家族の関係を深めながら自分も成長するために、いま自分がどうしたいのかを考えた。

3人の答えは、良心が発した「こう生きたい」という声。弱くか細い声だから、日々、更新し、強く育てていく必要がある。

そのためには第7の習慣「刃を研ぐ」が欠かせない。肉体、精神、知性、社会・情緒という4つの側面を弛《たゆ》みなく磨くことで、良心に基づく自分の生き方を、より堂々と表現していけるようになるからだ。

その結果、誰かが考えたシナリオではなく、この世に1つしかない、あなただけのシナリオに基づいて、人生を送ることができるようになるのだ。

ミモザ

Mimosa

材料

シャンパン	1/2
オレンジ・ジュース	1/2

つくり方

フルート型のシャンパン・グラスにオレンジ・ジュースを注ぎ、冷やしたシャンパンを注ぐ。スライス・オレンジを飾ってもよい。

見た目でも味わいでも心が華やぐロング・カクテル

もっとも美味しく贅沢なオレンジ・ジュースとも呼ばれ、昔からフランスの上流階級の間では(シャンパン・ア・ロランジュ、「オレンジ・ジュースにシャンパン」の意)として親しまれていたカクテル。「ミモザ」と呼ばれるようになったのは、 オレンジ色とシャンパンの黄金色が合わさった明るい黄色が植物のミモザの花の色に似ていることに由来する。

花の名前に相応しく、ミモザの味わいは、オレンジ・ジュースの爽やかな酸味にシャンパンのフルーティな甘みと炭酸が加わって、とても華やか。アルコール度数6度と飲みやすいので、お酒が強くない人でも楽しめる。食前に口をつければ、その先の時間に一層の期待感をもたらしてくれるだろう。ボルガ・ボートマン (60ページ) と同じく、チャンスがあれば、フレッシュ・オレンジ・ジュースで楽しんでみたい。

ちなみに、イギリスではミモザは、バックス・フィズの名称で親しまれる。ロンドンでシャンパン・ア・ロランジュをロング・ドリンクにアレンジして売り出したクラブの名前に由来するという。

Chapter

4

仕事を離れた“私生活”を充実させるには？

7つの習慣で「第2の人生」の実りを増やす

何かに打ち込むべき時期が人生には確かにある。
だが、その間、ほかの大切なものをないがしろにしていいわけではない。
特に人間関係は、一夜漬けのように遅れを取り戻すことはできない。
「7つの習慣」が行動の習慣化を重要視する理由は、まさにここにある。

まんがの導入

家族のために一心に働き、サラリーマンとしては成功を収めたほうだと思っていた兆野。だが、定年退職後、思わぬ事態が——。

ガタン…
ガタン…
ガタン…
不思議な気分だな…
肩の荷が下りて
ほっとしているような
寂しいような…
ガタン…
兆野《ちょうの》茂《しげる》
大手企業を定年退職
だが
一部上場企業で
次長までいけたんだから
我ながら立派なものさ
これからはあいつとも
ゆっくり過ごしてやれる
どんな顔で
出迎えてくれるのか…
ご苦労さまでした
ただいま
おかえりなさい
兆野《ちょうの》洋子《ようこ》
茂の妻。専業主婦

…
ほら
会社から退職祝いにもらってきた
そういえば言ってたわね
ご苦労さまでした
すぐ食事にしますか
…先に風呂に入ろうかな
…
…いつも通りか
ええ
ご馳走がよかった？
い、いやいいんだ
帰りの時間がいつもわからないから
そ、そうだな今日くらいはと思ったんだがうっかりしてた

明日の天気は…
…
な
なあ
はい？
これからはゆっくりできるからさ
どこか旅行にでも行かないか
どうしたの急に？
い、いや
前にお前が「行ってみたい」って言ってた温泉があったろ？
落ち着いたら2人でのんびり出かけるのもいいかと思って
いいですよ無理しなくて
無理なんかじゃないさ
いままでお前にも苦労をかけたと思ってるんだ
恩返しといったら大げさだけど…
カチャ
その話はまた今度にしましょ
…

ジャッ
私ちょっとウォーキングに行ってくるから
1人でか？
ご近所のお友達とだから
大丈夫
パタン
翌朝
世の中は変わりなし、か…
うちの会社も大きな動きはないみたいだな
茶でも飲みながら本でも読むか…
スッ…
…

お昼はどうします？
ん…
何でも構わない 軽くでいいから
わかりました
なんだ質素だな
キャベツだけか…
何でもいいって言ったから
すっごくジューシーで…
ふわっふわ！
買い物に行ってきます
うん
…
散歩にでも行ってくるか

俺もああして走らされたもんだ
懐かしいなあ…
毎日通勤で通り過ぎていたが…
この道祖神こんな彫刻だったのか
…本でも買っていくか…
COFFEE&TE
…

本なら
家で読んだら
どうだ
えっ⁉
いや
喫茶店にいるのを
見かけたから
あ、ええ
そうね…
まあ
気分を変えたいって
いうのは
わからんでもないが
だって
ん？
何だ？
だって
いつもと勝手が
違うから
…
Seven
退職
おめでとう
ございます
ありがとう
これから
第2の人生ですね
ああ
だけどな…

何か気になることでも？
いやあ
思っていたのとちょっとイメージが違ってね
なるほど…
急に生活が変わって奥さまも戸惑っているのかも
かもしれんな
それで今日は奥さまは？
私の晩メシをつくって出かけていったよ
友達と食事の約束があったそうだ
へえ…
カチャ…
俺があいつのペースを乱してしまったんだな
悪いことをした
パタン…
昼間は少し家を空けてやるとするか…

将棋道場
将棋道場 2F
将棋は学生時代以来だが…
時間は潰せるだろ
ここいいですか
もちろん私は相当ブランクがあるが
よかった僕もまだ初心者です
パチ
しかしいい歳してこんな時間からいいのかね？
…家で仕事をしていますので
仕事は？
フリーのWebプログラマーです
ああうちでもよその部署でよく使ってたな
しかしフリーなんて不安定だろ？
よく続けられるねえ
まあそうですねえ
君も大きな会社で働いてみるとまた違った成長ができると思うけどな
ま、私は次長までいったんだが…
あの

そういう話はやめてもらっていいですか？
ここでは会社の肩書きとか関係ないんで
んむ
将棋を通して交流していただく場ですので…
なかなかうまくいかないもんだ
？
いや実はな…
…それで若いのに叱られてしまった
人生経験でいえば私のほうが断然上なのにな
人生経験？
ああ
「あの会社での」経験の間違いでしょ
どういうことだ
カチャ…
あなたが大事にしてきたのは会社で過ごす時間だけだったでしょ、っていうこと

そんなことはない
私だって
「お前が行きたがっていた温泉に行こうか」ですって？
いつの話よ？
あなたあのとき「仕事が忙しい」って一蹴したじゃない
そ
そうだったかな
ほら
覚えてない
会社にしか価値基準がない人といたってくつろげるわけないじゃない
それをいまさら…
ガタッ
お
ザッ
おい
どうしたんだ
急に
別に
しばらく
帰らないから
バタン

Bar Seven
それは大変ですね…
行き先も言わないなんて…
熟年離婚ってやつかな？
夫の定年退職をきっかけにって最近よく聞くもんね
こ、こら佑香ちゃんさとみちゃん
失礼よ
…
でも兆野さんだって家族のためにがんばってきたんじゃないんですか？
もちろんだ
仕事をしていれば理不尽なことなんていくらでもあるからね
会社や顧客に難題を言われたり、仕事をこき下ろされたり、何の落ち度もないのに頭を下げさせせられたり…
えーそんな仕事辞めちゃえばいいのに
1人だったらとっくに辞めてるさ
でも家族がいるからな
家族…

私たちの人格は、習慣の総体である。
…習慣は私たちの人生に決定的な影響を及ぼす。
習慣とは一貫性であり、ときに無意識に行われる
行動パターンであり、日々絶えず人格として現れる。
——『完訳 7つの習慣 人格主義の回復』P.47——

第2の習慣「終わりを思い描くことから始める」は…
人生におけるすべての行動を測る尺度、基準として、自分の人生の最後を思い描き、
それを念頭に置いて今日という一日を始めることである。
…人生が終わるときをありありと思い描き、意識することによって、
あなたにとってもっとも重要な基準に反しない行動をとり、
あなたの人生のビジョンを有意義なかたちで実現できるようになる。

——『完訳 7つの習慣 人格主義の回復』P.118——

あなたが自分の人生でリーダーシップを発揮するには、自分の人生はどうあるべきか、自分自身に向かって究極の問いかけをしなければならない。
その問いかけを真正面からとらえ、真剣に考え、答えを見出したなら、次は、その答えにふさわしい生き方ができるように、自分自身を効果的にマネジメントすることが必要なのだ。

——『完訳 7つの習慣 人格主義の回復』P.194——

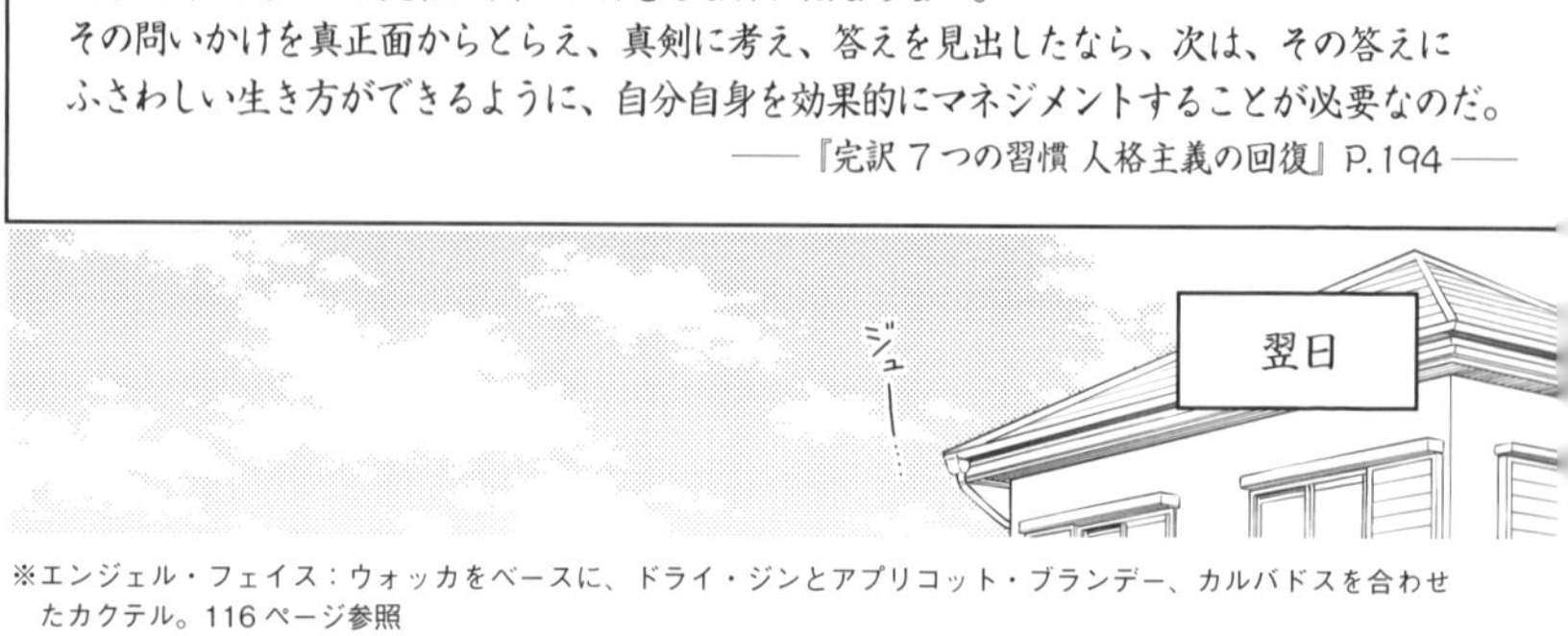

※エンジェル・フェイス：ウォッカをベースに、ドライ・ジンとアプリコット・ブランデー、カルバドスを合わせたカクテル。116ページ参照

ジュ―――……
ボロ…
うまくない…
あいつが卵焼きをきれいに焼けるようになったのはいつだったか…
「ごめんね失敗しちゃった」
はは
「君の料理は何でも美味しいよ」
私はいつからか目もくれず食べていたな…
どかどか
ガチャ
お父さん久しぶり!
元気?
去年帰れなかったし
奈美
…洋子
お母さん私に会いに来てたんだよ
ついでに少し羽根を伸ばしたいって
それで3日も…

トン
トン…
びっくりした？
あ、ああ
俺はてっきり…
はっきり言うけど
お母さん、これからお父さんとやっていけるかどうか不安だったんだって
…
「思いの種を蒔き、行動を刈り取る。行動の種を蒔き、習慣を刈り取る。習慣の種を蒔き、人格を刈り取る。人格の種を蒔き、運命を刈り取る」
…
最近読んだ本で知った言葉
つまりこうなったのはお母さんに対するお父さんの行動の積み重ねの結果ってこと
あ、ああ それはわかってる
じゃあ どうすれば いいかも わかるよね？
感謝のしるしにプレゼントでもとは思ってるんだが…
ダメ！
人間関係はそんなふうに応急処置で効率よくは治せないんだから
その本の受け売りだけど
ならどうすれば…

パーソナル・マネジメントの鍵を握る領域…に入るのは、緊急ではないが重要な活動である。人間関係を育てる、自分のミッション・ステートメントを書く、長期的な計画を立てる、身体を鍛える、予防メンテナンスを怠らない、準備する。
…効果的な生き方のできる人は、これらの活動に時間をかけているのである。

——『完訳 7つの習慣 人格主義の回復』P.204～205——

もぐ…
こんなにうまかったんだな…
朝いつも出してたじゃない
いや…
本当に久しぶりに食べた気がするんだ
「一晩じっくり考えなよ」
…
コト…
トン
トン
ヨロッ
おっと
ドッ
…

次の日の夕食後
お父さん昨日の答え出た？
いや
…
あ、ああ自信はないが…
退職金の使い道なんだがな
ちょっとお父さんまた旅行とかプレゼントでごまかそうとしたら怒るよ
その前にこの家をリフォームしたらどうかと思うんだ
バリアフリー仕様にな…
確かに俺はいままで仕事中心に生きてきた
いやそういうつもりはなかったんだが
それを伝える努力をしてこなかった
だがこれからは2人の未来をもっと考えたい
ほ、ほらずっとここで暮らしていくわけだろう
年を取れば足腰はもっと弱くなるわけだし…
ゴホン
それで方針を相談できれば、なんて思ったんだが…
…
2人の未来、ね…

ズ…
少し 歩いてきます
あ、ああ… そんな時間か
車に気をつけてな…
…
あなたも来る？
いいのか？
お、お友達の家はちょうどリフォーム終えたところなのよ
意見を聞けるかもしれないし歩きながらのほうがいい考えが浮かぶっていうでしょ
あなたもそろそろ運動不足をどうにかしないといけないし
…
ツンツン
あ、ああ じゃ着替えてくる
先に外で待ってますから
よかったね お父さん
あ、ああ
パタン
でも油断しちゃだめだよ「お試し期間」なんだからね
そうだな…
がんばるよ

自分の人生を自分で導くために、…人生の方向、人生の究極の目的を見つめる時間をとると、その効果は傘のように大きく広がり、他のあらゆるものすべてに影響を与える。
それによって私たちの精神は再新再生され、新たな気持ちになれるのである。

——『完訳 7つの習慣 人格主義の回復』P.435——

Comment
04

大切なものを大切に扱うことを忘れてはいけない

熟年離婚を切り出す妻とそれに驚く夫とのすれ違い

日本人の平均寿命は男性も80歳を超える時代。定年まで勤め上げたその後の人生は、かなり長い時間となった。「定年を迎えたら肩の荷が下りる。その後は、妻とゆっくり過ごそう」などと、第2の人生をいまからイメージしている男性陣も多いはずだ。

一方、夫の定年をきっかけに妻が熟年離婚に踏み切り、「ようやく私の人生に春が来た」とばかりに活気を取り戻した、という話もよく聞かれる。経済的な自立の準備も済ませており、子どもも既に妻の味方。夫だけが「なぜ急にそんなことを言い出すの？」と愕然《がくぜん》としている。

「あなたのためにがんばってきたのに」は伝わらない

幸い、この話の中で兆野はその前にチャンスをもらえたが、問題の本質

は変わらない。それは、仕事をしている十数年の間、行動を通して家族にどんなメッセージを発信していたのかに、彼自身が無頓着だったことだ。

兆野には「仕事自体が楽しい」という気持ちに加え「家族のために歯を食いしばって仕事をがんばっている」との使命感も少なからずあった。だが「妻もそれをわかってくれているはず」という思いは通じていなかった。仕事を優先するという行動の積み重ねが、人格として解釈されるまでに至ってしまっていたからだ。

家族よりも仕事を優先しなければならない事態は、ときにはあるだろう。だが、それが常態化し、習慣となれば、周囲は「彼はそういう価値観、人格の持ち主なのだ」と解釈する。本人に別の思いがあったとしても、周囲は「そのような人」として扱う。

やがて本人も、「自分はそういう人間だ」と思い込むようになり、そんな人物像としての振る舞いしかできなくなっていく。兆野のように、会社を基準にしてしかものが考えられなくなり、顰蹙《ひんしゅく》を買っても自分の視野の狭さに気づけなくなってしまうのだ。コヴィー博士が、習慣が運命を呼び込むというのは、こういうことだ。

つまり
奥さまからは
兆野さんのことは
「仕事が一番大事で、
家族のことなんて
どうでもいい人」に
見えていた、と
いうことですね…

❄「あの人は私の死をどう感じてくれるだろう」と想像する

妻は自分の葬式で泣いてくれるだろうか。

もし兆野がもっと早くにそんなことを真剣に考えていたら、きっと洋子との間はより温かなものとなっていただろう。自分にとってもっとも大切なものを知るために重要な、第2の習慣「終わりを思い描くことから始める」の実践だ。

人は、他人の思いを行動から類推するしかない。「愛情深い人だった」「家族思いだった」と言われたいなら、そのように振る舞うしかない。

兆野はそれを怠っていたため、出世を叶えた後で、ようやく妻の心が冷めていることを知った。大事だと思い込んでいたものを手に入れてみて、初めて兆野は、もっと大事なものがあることを理解した。「大事なもの」は、実は「誰かが大事だと思っていたもの」にすぎなかったのである。コヴィー博士でなくとも、これは「虚しい勝利」と呼ぶしかない。もっといえば、人生の浪費だ。

❊ 壊れた人間関係を急いで修復することはできない

自分の最期をイメージし、本当に大切にしたいものに気がつくことができたら、それを手にし、維持するために必要な活動を最優先すること。第3の習慣「最優先事項を優先する」だ。

最優先事項とは、多くの場合「緊急でないが重要なこと」に含まれる。その典型が人間関係づくり。人間関係は、効率で考えることはできない。兆野のように、旅行やプレゼントで失点を挽回しようとすると、「埋め合わせに私の歓心を買おうとしている」と、即座に見抜かれ、かえって信用を損ねてしまう。

人間関係は効果で考えなければならない、とコヴィー博士はいう。「いつもありがとう」と感謝を伝える、重い荷物を持ってあげる、一緒に過ごす時間を増やすといった、小さな気遣いの行動を兆野は実践しているべきだった。こうした習慣は、費用はゼロだが、蓄積することで、人間関係にとっては、慌てて用意する贈り物よりも、はるかに大きな効果を生む。

このような行動は、第7の習慣「刃を研ぐ」に含まれる。自己研鑽《けんさん》というと、肉体や知性を高めることばかりに意識が向きがちだが、より多くの幸せを感じて生きたいなら、思いやりを表現する練習を毎日重ねる（＝社会・情緒的側面を鍛える）ことも大切。それは日々、相手に対して誠実に振る舞い、相手の心の信頼口座に自分の信頼を預け入れることでもある（137ページ）。長年コツコツと貯めたその信頼の残高が、いざというとき、相手の行動として現れてくるからだ。人間関係にもメンテナンスが必要だ。

エンジェル・フェイス

Angel Face

材料

ドライ・ジン	1/3
アップル・ブランデー	1/3
アプリコット・ブランデー	1/3

つくり方

材料をシェークして、カクテル・グラスに注ぐ。

蜜のような色合いと立ち上る香りが口づけを誘う

ジン、リンゴとアンズのブランデーと、3種類の酒を混ぜ合わせたカクテル。西洋絵画に描かれる子どもの天使の肌の色を思わせる黄金色とふくよかな甘い香りは、確かに、"天使の顔"という名前に相応しい。

ただ、口に含むと見た目の表情とは裏腹に、30度以上にもなるアルコールの重みがやってくる。たちまちほろ酔い気分を味わえるほどで、侮れない。天使のいたずら心を思わせるようなギャップもまた、このカクテルの魅力だ。

アップル・ブランデーには、カルバドスを用いるのが一般的。アップル・ブランデーはリンゴを発酵させたシードル（英語でサイダー）を蒸留したもので、フランス北部、イギリス、アメリカが主な産地。特に世界的に有名なのが、フランス北部ノルマンディーのカルバドス地方で生産された「カルバドス」。通常のボトルに入ったもののほか、リンゴがボトルの中に沈んでいる、見た目にも楽しいタイプもある。

要点だけをピックアップ！

縮約版「7つの習慣」

「7つの習慣」は、人格を高めて個としての自立を獲得し、そのうえで、
人と交流しながら成功を収め、幸せをつかむために必要な習慣として、
スティーブン・R・コヴィー博士が提唱した成功哲学の体系だ。
日本語のオリジナル版は、500ページ以上ある大著だが、
その要旨をここにコンパクト版として整理した。
オリジナル版を読む前の“予習”にも、
ポイントを振り返る“復習”にも役立つはずだ。

Introduction ❶

パラダイム・シフトとインサイド・アウト

人は誰でも、その人なりの視点で世界を見ている

「問題の原因は自分の外にある」という考えに問題がある

7つの習慣に入る前の準備として、必ず理解しておきたいことがある。それは「パラダイム」の存在。パラダイムとは、世の中の事象を理解する際の基準となる考え方のこと。パラダイムは、人が生まれてから個別に学んだ知識や経験を参照して1人ひとりで独自につくられる。同じ現象でも人によってとらえ方や態度、行動が違うのは、パラダイムが違うせい。言い換えれば、パラダイムとは「その人なりの見方」だ。

パラダイムを知らない人は、「自分は世界を〝あるがまま〟に見ている」と勘違いしている。自分が見るものが世界の現実であり、それが客観的に正しいと信じている。そのため、他人の考えが自分と一致しないと「相手が間違っている」と感じる。何かに失敗すれば、他人や環境のせいと決めつける。

だが本当は、人は世界をあるがままに見ているのではなく、人が自分のあるがままに世界を見ている。どの人の見方にも、良し悪しや優劣はない。自分の見方はパラダイムに基づくものであり、他人もそうしたパラダイムを持っている。これを認めることが、7つの習慣の実践前に必要な最初のステップだ。

成長の鍵を握る「インサイド・アウト」

コヴィー博士によれば、他人や環境など自分の外（アウトサイド）に原因を求める思考を「アウトサイド・イン」という。アウトサイド・インの人は「See（物の見方）→Do（物の見方からくる行動）→Get（行動の結果、得るもの）」が悪循環する。「失敗を外部のせいにする→改善努力をしない→結果が出ない→失敗を外部のせいにする」という思考自体が悪循環に陥っているからだ。

7つの習慣で求める思考は、その反対の「インサイド・アウト」。自分の中（インサイド）に問題を感じ、成長の機会を見出す思考だ。「失敗の原因を自分に求める→工夫して努力する→結果が変わる→また反省する」という好循環を生むため、持続的な成長が可能になる。

パラダイムを根本的に変えること（＝パラダイム・シフト）によって、人生は劇的に変化するのだ。

すべては自分の見方次第

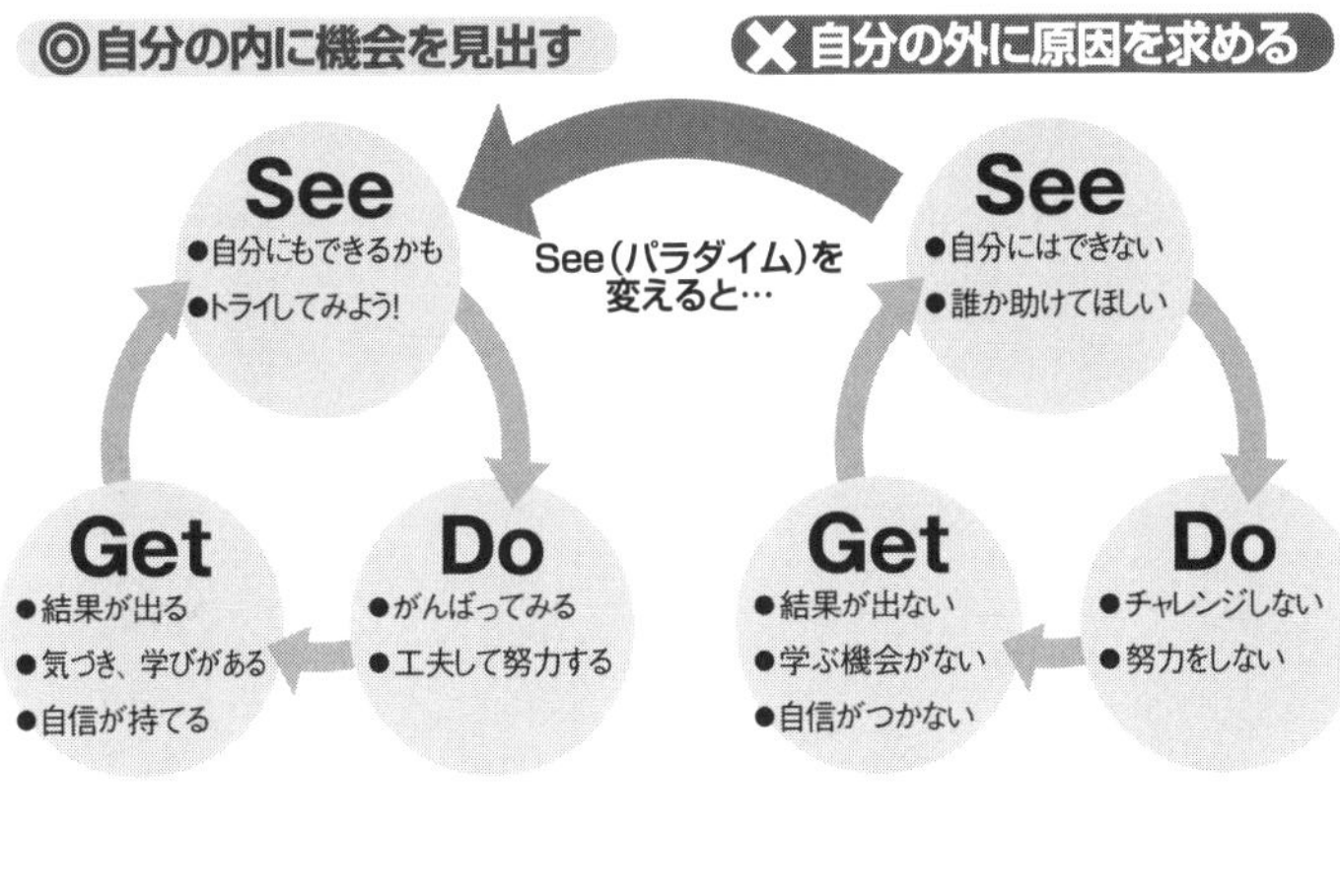
◎自分の内に機会を見出す
See
●自分にもできるかも
●トライしてみよう!
Do
●がんばってみる
●工夫して努力する
Get
●結果が出る
●気づき、学びがある
●自信が持てる
See（パラダイム）を変えると…
✕自分の外に原因を求める
See
●自分にはできない
●誰か助けてほしい
Do
●チャレンジしない
●努力をしない
Get
●結果が出ない
●学ぶ機会がない
●自信がつかない

継続する「習慣」の力

人格を高める行動は習慣化しないと効果がない

本当の成功には「人格」という土台が必要

7つの習慣で重要な概念に「原則」がある。原則は公正さ、誠実、勇気など、宗教や時代を超えて誰もがその価値を認めるもの。人によって表には現れていない場合もあるが、必ず誰もが潜在的に備えている。コヴィー博士によれば、人生において原則を重視する考えを「人格主義」という。これに対して、人間関係のスキルやテクニックを重視する考えを「個性主義」と呼ぶ。

個性主義では、「信じれば達成できる」という前向き思考や、「自分らしさを磨く」スキルで成功しようと考える。だが、個性主義の方針でうまくいったとしても、その成功は一時的。すぐに幸せな気持ちは消えてしまう。いつも新しいスキルやテクニックを学ばないと気がすまなくなるからだ。

本当の意味での成功と幸せを得るには、自分を支える確固たる土台、すなわち人格が必要だ。人格が立派だからこそ、スキルやテクニックにも血が通い、尊敬される。7つの習慣には、この人格をしっかり育てることで、さまざまな方面での成功を可能にする人間をつくる効果がある。

人間の土台づくりには時間がかかる

現代の人々は、「待つ」ことを忘れている。お金が足りないと借金で調達しようとするし、店舗で買えなければネットで注文する。人生においても、成功のために、人間関係を構築するスキルやテクニックを手っ取り早く知り、利益を得ようと思っている。だが「人格」という土台をつくる近道はない。時間をかけて、立派な人間をつくるためのプロセスを正しく踏むことが不可欠だ。

そのプロセスとは「習慣」。よい習慣を続ければ、それはやがてその人の属性となるからだ。習慣を自分に定着させるには、①「自分を変えよう」という意欲、②「なぜその習慣が必要か」についての知識、③習慣を実行するためのスキル（技能）の3要素が必要だ。

この3つのすべてを意識して、7つの習慣を実践することで、人格を高めることができるわけだ。

習慣によって人格を磨き真の成功を目指す

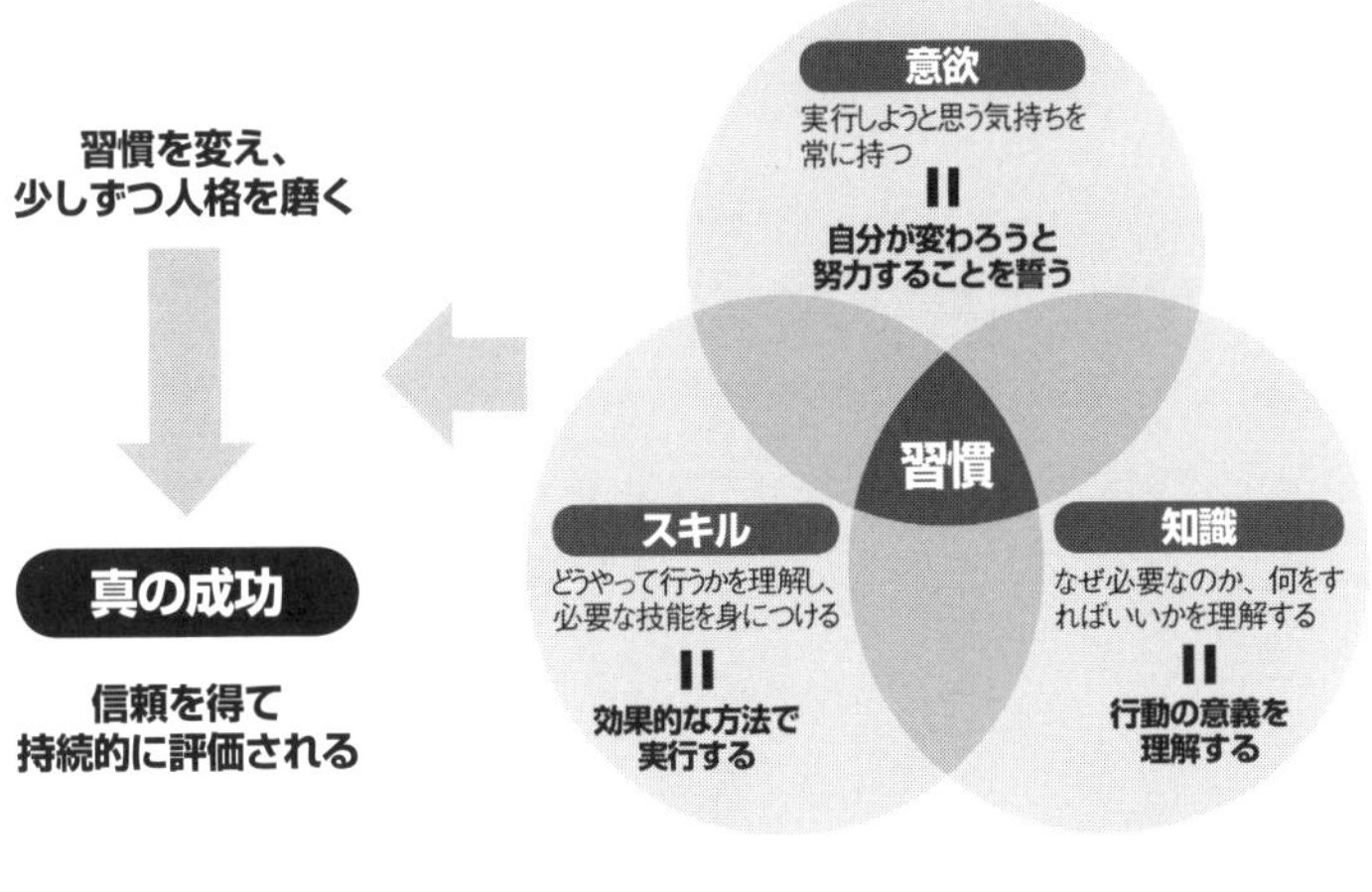

7つの習慣の体系

個人としての成功が人との成功の土台となる

真の自立を達成し、人に甘えず人に頼れる人を目指す

7つの習慣は、大切な習慣を箇条書きにしただけのものではない。人間の成長に大切な心がけを体系化した思想であり、それぞれの習慣を実践することで相乗効果が生まれ、個々の習慣の価値はさらに高まる。

人間は生まれた当初、自分では何もできず、生きることを他人に「依存」している。そこで、成長して自分の行動に責任を持つ「自立」をまず目指す必要がある。そうして達成された真の自立をコヴィー博士は「私的成功」と呼ぶ。私的成功に至る過程に必要なのが、第1、第2、第3の習慣だ。

「自立」よりも高度な概念には「相互依存」がある。相互依存とは、自分の努力と他人の努力を合わせて大きな成果を得る活動のこと。これを「公的成功」という。

自立した人間でなければ、甘えや妥協が発生してしまうので、対等な関係で協力し合う相互依存の関係に至ることはできない。相互依存の段階に到達するのは非常に困難。そこで、実践を通して訓練するための道しるべとなるのが、第4、第5、第6の習慣だ。

人間の外枠を広げる第7の習慣

第1から第6の習慣の効果は、人間の〝器〟が広ければ広いほど高くなる。この器を広げるために必要な訓練が第7の習慣。日常生活の中で、体力、知力、精神性などをバランスよく鍛えていくことで、人間としての外枠は少しずつ広くなっていく。

7つの習慣は相互に影響し合う。それぞれの習慣を実践することで相乗効果が生まれ、個々の習慣の価値はさらに高まる。7つの習慣の実践は決して簡単ではないが、飛躍的に人生を上向きにする可能性を秘めている。

「7つの習慣」は人間を連続した成長に導く

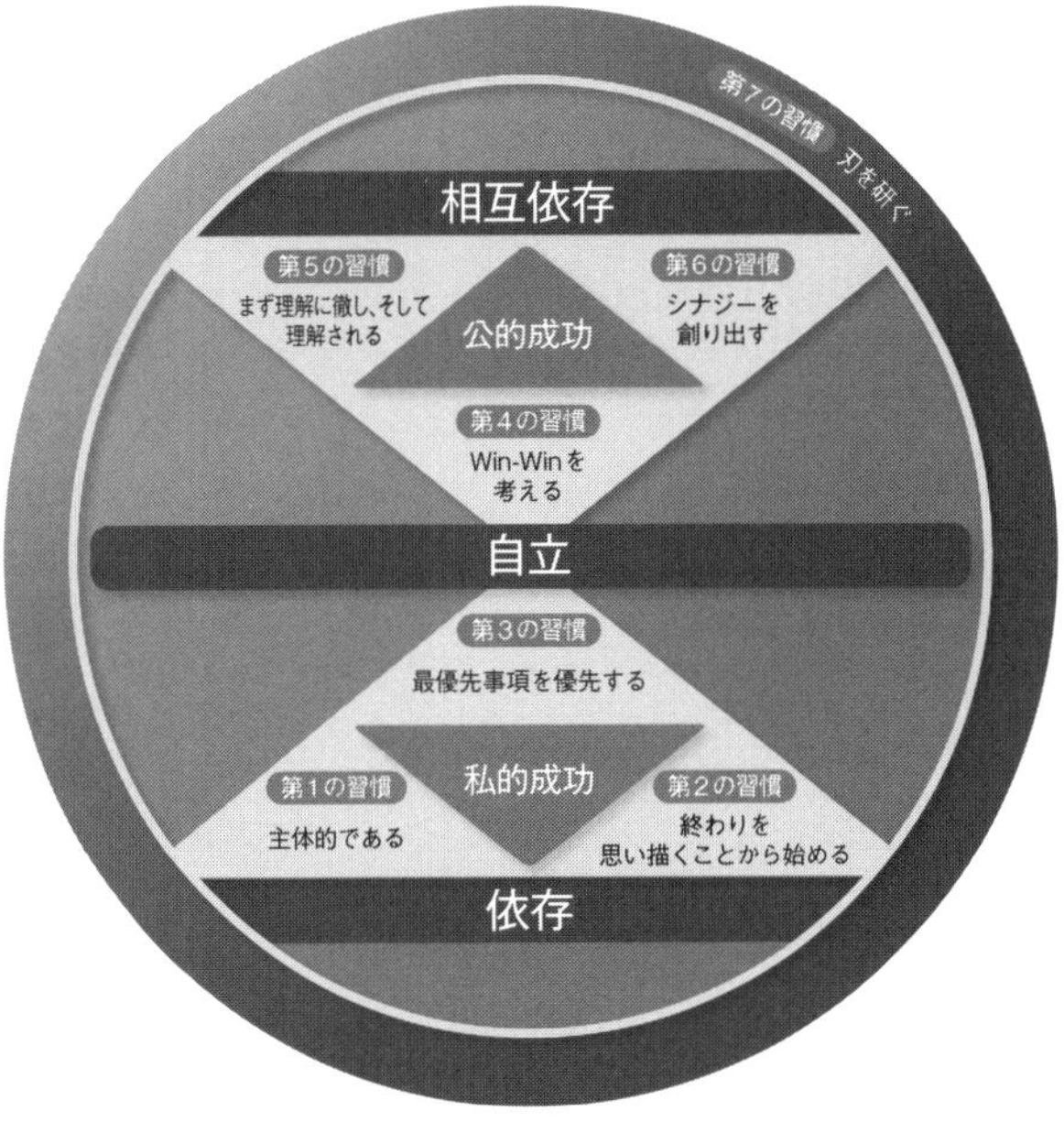

第1の習慣　主体的である－①

刺激に対してどう反応するかを自分で選択する

自覚によって自分を客観的に分析する

第1の習慣は「主体的である」。主体的とは、自分の行動を自分の価値観に基づいた選択で行うこと。単なる自発的行動ではなく、「人間として自分の人生に対する責任をとること」だとコヴィー博士はいう。

主体性を身につけるには、まず、人間特有の「自覚」という能力を認識する必要がある。人間は動物の一種だが、動物と違って、自分の欲求や感情を切り離して、自分を見つめることができる。

この自覚を忘れると、「反応的な人」になる。他人の言動やその場の状況に反射的、感情的に反応したり、流されたり抵抗を諦めたりして、受け身で行動する人のことだ。反応的な人は、世間や他人が生み出した社会通念に支配されやすいため、「お金がないと不幸だ」「結婚しないと負け組」などの勝手な条件づけで、人生や人間関係などの物事を判断してしまう。

だが、どんなに他人や周囲のせいにしても、その結果は自分に降りかかる。いまの自分の状況は、過去の自分の決定と選択の結果。まずそれを自覚し、自分がどんな選択をしたか客観的に分析する必要がある。

刺激と反応の間にはスペースがある

反応的な人は、刺激→反応という図式で行動する。だが、これでは動物と同じ。本当は、刺激と反応の間にはスペースがある。そのスペースが意味するのは「選択の自由」。刺激に対して自分で行動を選択できるのが人間だ。

かつてユダヤ人の心理学者フランクルは、第二次大戦下のドイツの収容所で家族の多くを失った。自分自身も拷問を受けて丸裸で独房に入れられた。だが、それでも彼の心が折れることはなかった。あらゆる辛い刺激に対して、自分に与える影響を自分自身で選択したからだ。

コヴィー博士によれば、「人は自分の身に起こったことで傷つくのではない。その出来事に対する自分の反応で傷つく」という。病気や怪我をすれば、確かに物理的に傷はできる。だがそれで弱気になるのか、新たに挑戦をするかは自分自身の選択の問題なのだ。

「どう振る舞うか」の選択で結果も変わる

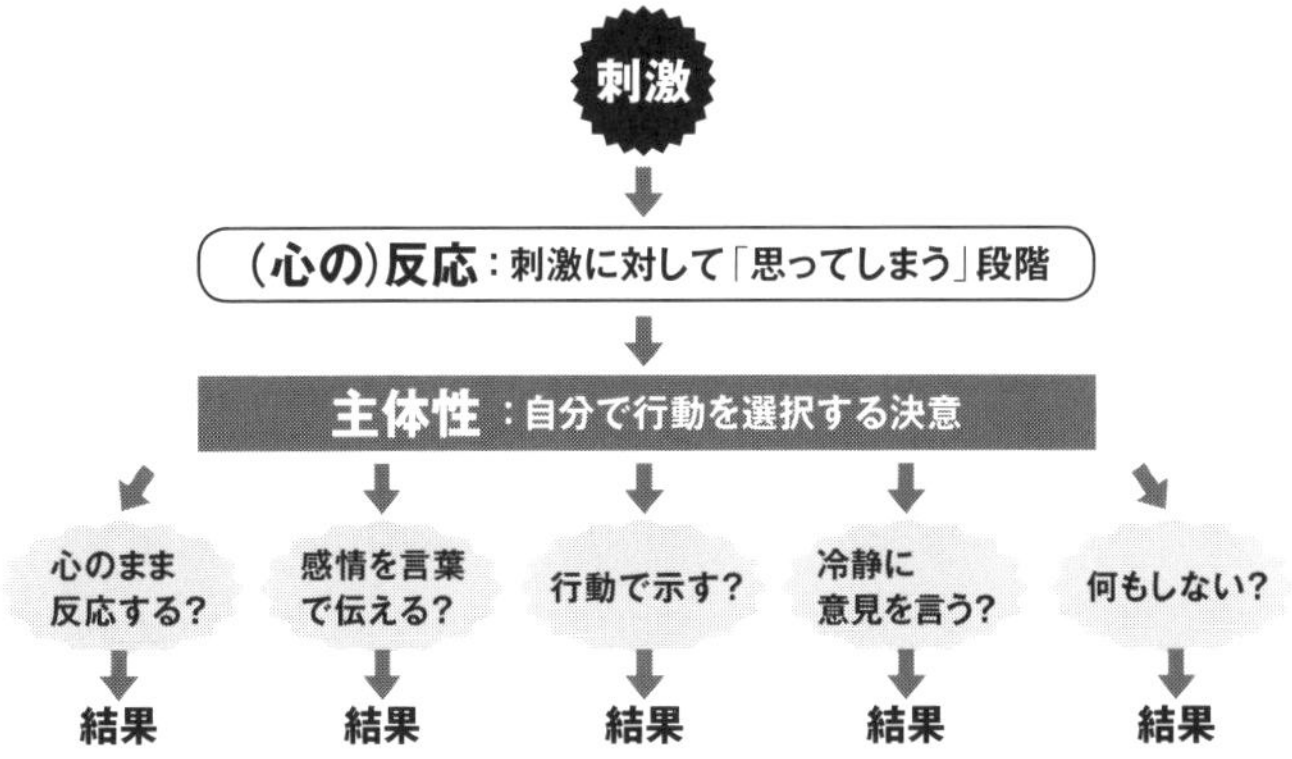

行動を主体的に選ぶことで、結果の方向性も選択できる
（結果そのものは思い通りにならないこともあるが、自分の言動には納得できる）

第1の習慣　主体的である－②

「自分でどうにもならないこと」は気にしない

1人の人間ができるのは影響の輪に働きかけること

主体性を育むために、コヴィー博士が紹介するのが「関心の輪」と「影響の輪」という2つの輪の概念だ。自分の周囲の出来事や情報のうち、自分の関心があることの集合体が関心の輪。一方、自分がコントロールできることの集まりが影響の輪だ。ある事柄が影響の輪に入るかどうかは立場や状況による。例えば、授業の内容は、生徒なら影響の輪に入らないが、先生なら影響の輪に入る。

この2つの輪のどちらに自分の労力を使っているかで、その人の主体性がわかる。影響の輪に使う時間が多い人は主体的。外部の刺激に対し、コントロールできることを選択して行動ができる人だ。逆に反応的な人は関心の輪に多く労力を使う。コントロールできないことに思い悩み、時間をムダにしているのだ。例えば、「雨が降ってきた」とイライラしても、天気は変わらない。それを理解していないのだ。

1人の人間にできるのは、自分の影響の輪に働きかけることだけ。つまり、できることに注力するしかない。だがそうしていると、やがて影響の輪が広がり始める。「できること」は広がっていくのだ。

自分を変えるためにまず30日試してみる

自分の主体性を育てるために特別な環境はいらない。まずは日常生活の中で、30日間試してみるといい。

例えば、自分で小さな約束を決めて守る。問題に文句を言わず解決方法を考える。人混みや不快な出来事に対しても、感情的にならず、反応を自分で選択してみる。

言葉遣いにも注意しよう。「もし～だったら」「これは無理」といった否定的な言葉をやめ、「別の方法を探そう」「いまできることは何か」と前向きな言い方を心がける。

30日間で、すべてが急激に変わるわけではない。人は〝行動〟を選択する自由はあるが、行動の〝結果〟を選択する自由はないからだ。それでも〝結果〟に対して他人や周囲のせいにする気持ちは消えているはず。

周りに動かされるのか、主体的に行動を起こすのか。どちらを選ぶかで成長や成功の機会は大きく変わる。

自分の影響力の範囲を意識する

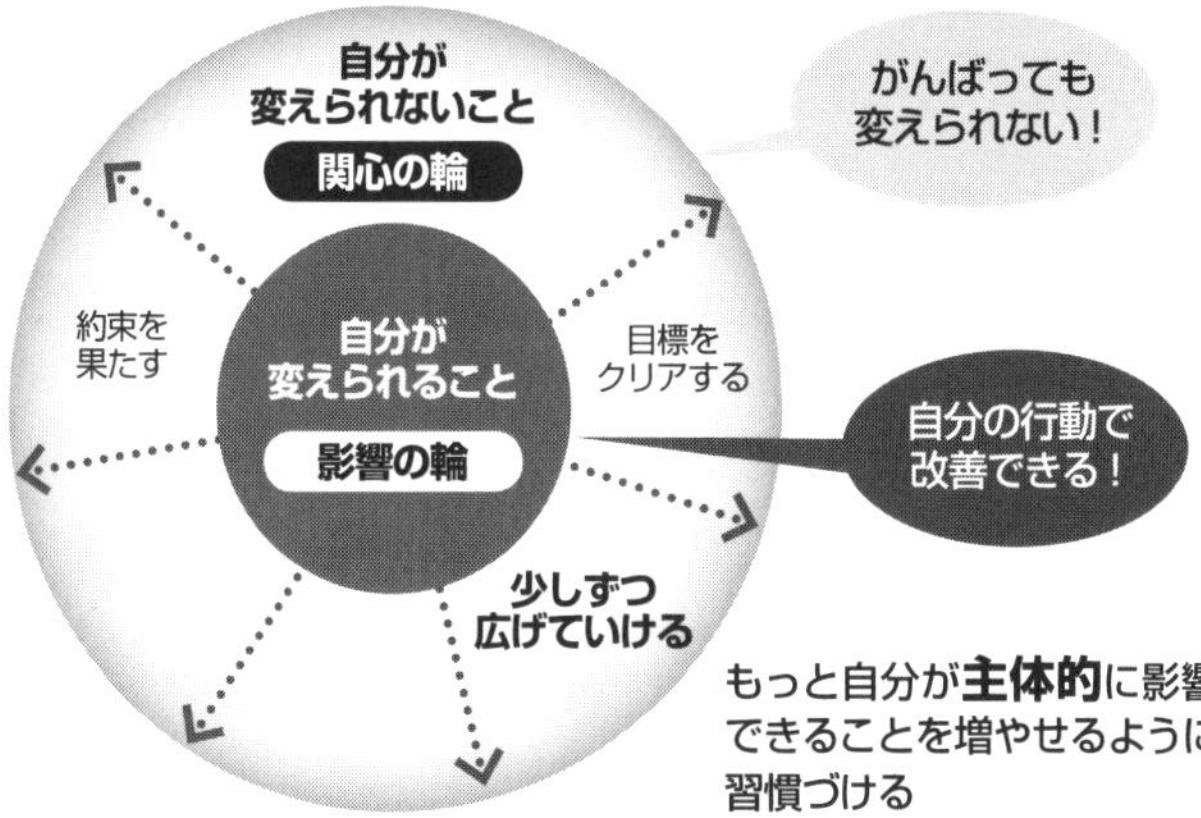

もっと自分が**主体的**に影響できることを増やせるように習慣づける

第2の習慣 終わりを思い描くことから始める－①

究極の目的を自覚してから人生を再スタートする

間違った梯子を一生懸命登っても間違ったゴールに着くだけ

第2の習慣は「終わりを思い描くことから始める」。目的を明確にしてから行動する、という習慣だ。

人生には必ず終わりがある。誰もが知っているが、日々の忙しさのせいで、この当たり前を忘れてしまっている人が多い。こういう人は「活動の罠」にはまりやすい。がんばっていることに満足してしまい、自分がどこに向かっているのかに無頓着。自分の活動を原則に則って選択しておらず、その時の状況やプレッシャーに流されてしまうのだ。例えば、左ページ図のような「仕事と○○」の選択を迫られた状況で、ときに家族、ときに仕事、ときに遊び……と気分で選択する人は、成功への梯子を一生懸命登っているつもりでも、間違ったゴールに着くだけ。何が一番大切なのかを強く自覚して、自身の行動基準としなければならない。

人生の終わりを思い描くとは、人生の脚本を書くこと。終わりと辻褄が合うように、10年後、1年後、そして今日の生き方のシナリオを書く必要がある。「棺桶の中で自分はどんな気持ちでいたいか」を想像しよう。その大団円から逆算して、いま何をすべきかを決める、という形で人生の脚本を準備するのだ。

主体的に自分の人生のシナリオを思い描く

コヴィー博士は「すべてのものは2度創られる」という。例えば、旅行なら、まず頭の中でイメージして旅程を創る（知的創造）。その後、実際に移動し宿泊する（物的創造）。人生も、①人生の方向性をプランニングし（知的創造）、②毎日を生きる（物的創造）、という2つの創造で創るもの。第2の習慣は、この知的創造をうまく行うための習慣だ。

知的創造には、第1の習慣も大切だ。主体性がないと、誰かが創ったシナリオで生きてしまう。多忙な日々が続くだけで、最期に間違いに気づくことになる。

主体的な知的創造には、①自覚して自分を客観的に見つめる、②想像力を使って自分の潜在的な可能性を探る、③良心に基づいて自分の奥底にある価値観を考える、が大事。3つの力を駆使し、自分の人生シナリオを創ろう。

自分の基本原則を判断基準にする

原則　他人や物事に影響されてブレることがない、基本的な価値観

問題
休日に急ぎの仕事を頼まれたら？

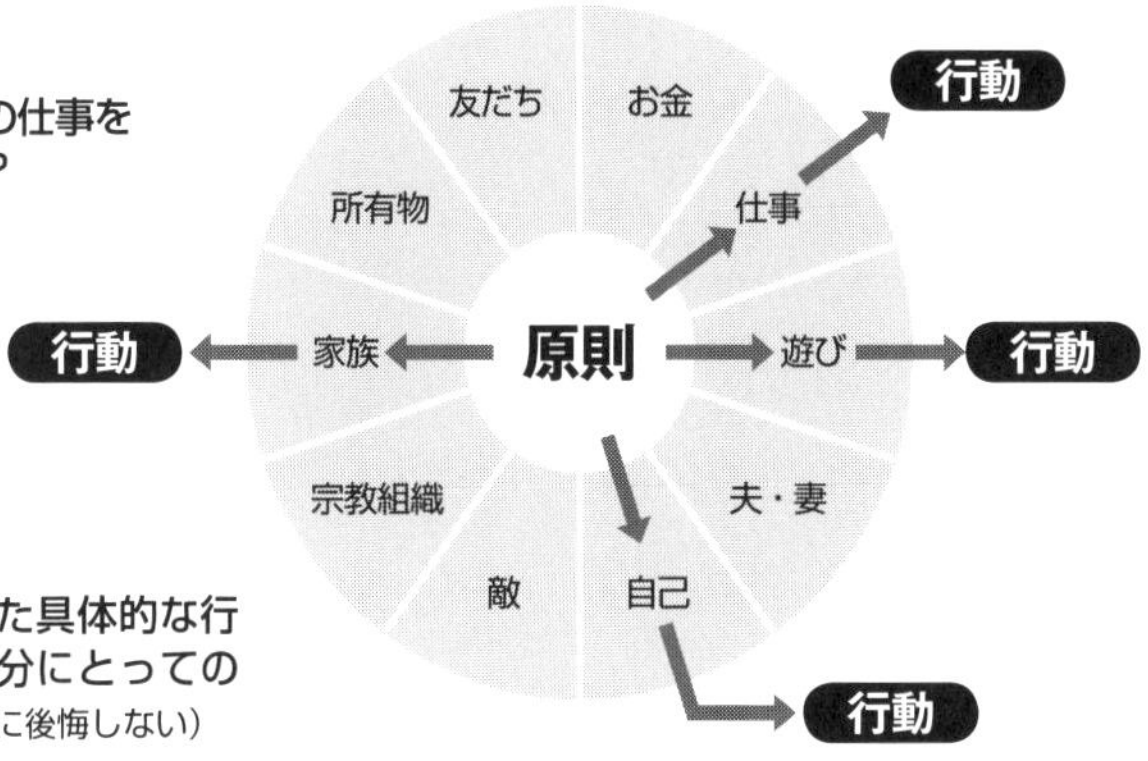

原則に則った具体的な行動選択が自分にとっての「正解」（選択に後悔しない）

第2の習慣　終わりを思い描くことから始める－②

「終わり」へ向かい自分にリーダーシップを発揮する

次の行動の選択に迷ったときは「原則」に従って判断する

コヴィー博士は、第2の習慣で大切なものとして「リーダーシップ」を掲げる。リーダーシップとは「何を達成したいか」という目的を考えて方向性を示すこと。混同しやすい概念に「マネジメント」がある。マネジメントとは、なすべきことの効率性を考えて時間や作業の順序を調整すること。梯子が正しい壁にあるかを判断するのがリーダーシップであり、梯子を効率よく登るために必要なのがマネジメントだ。

リーダーシップを忘れてマネジメントに注力する企業も多い。自社の利益アップばかりを追求する結果、顧客への誠実性を欠いたり、従業員に無理強いをしてしまう。最悪の場合は、不正や偽装に手を染めてしまうこともある。だが、成功する企業は、激しい市場競争の中でもリーダーシップを発揮して正しい方向性を見失わないようにする。それから業務の効率化を考える。人生も同じだ。

まずは第2の習慣で自分の人生にリーダーシップを発揮して、ゴールを設定する。それから、そこに向かって生きていくために人生をマネジメントする第3の習慣を実践する、という形になるのだ。

ミッション・ステートメントでゴールを見据える

第2の習慣のために役立つのが、ミッション・ステートメント。自分の人生で大切なものや守るべき理想像を文章化した、自分のための憲法のようなものだ。物事の価値を判断し、方向性を決める重要な尺度になる。

ミッション・ステートメントを作成するときには、誠実性や正義、公正など「原則」を中心に据える。原則は、永続的な価値があり、より鮮明で安定的な指針になるため、人生のさまざまな選択でブレなくなるからだ。

その際、さまざまな自分の役割を振り返ると、特定の役割での生き方に偏っていないか確認できる。「私はこう生きたい」という文章が完成したら、定期的に見直し、環境の変化や、自身の洞察力の向上に応じて必要な修正をしていく。ミッション・ステートメントを毎朝確認すれば、いつも使命感に満ちた気持ちで生きられる。

人生の"事業理念"＝ミッション・ステートメントの作成法

Step 1 自分が大切にしたい価値観を認識する
例：誠実さ、貢献、勇気、努力、思いやり…

↓

Step 2 自分の役割を整理する
例：夫、父親、息子、兄弟、上司、部下、専門職、友人、隣人、サークル員…

↓

Step 3 それぞれの役割で実現したいあり方を書き出す
例：**夫** … 私は夫として妻に誠実でありたい
父親 … 私は父として子どもたちが生きる喜びを得ることに貢献したい
専門職 … 私は専門職として日々、新しいことを学ぶ努力を続けたい
など

↓

Step 4 文章として整え、定期的に見直す

第3の習慣　最優先事項を優先する－①

設定した人生のゴールに効果的に近づいていく

マネジメント力を発揮して自己を管理する

第3の習慣は「最優先事項を優先する」。コヴィー博士によれば、これは「第1の習慣と第2の習慣を日々の生活で実践する習慣」だ。第3の習慣を身につけるには、2つの習慣の積み重ねが欠かせない。第3の習慣の実践は、2つの創造（129ページ）のうちの第2の創造であり、マネジメント能力次第で成果に大きな差がつくという。ゴールが立派でも、アプローチが悪ければ、そこには到達できないからだ。

マネジメントというと、たくさんの予定を組んで時間を管理する方法だと思う人がいる。こういう人は、スケジュール表に隙間なく埋められた予定を時間通りこなす効率性ばかりを追求する。だが、それは時間に縛られているだけ。時間を優先して、大事なことを疎《おろそ》かにしてしまっている。

コヴィー博士によれば、「時間管理」という言葉そのものが間違っている。本来やるべきなのは、時間を管理することではなく、自分自身を管理すること。自分にとって大事なことを、毎日の生活において優先して行う。こんなマネジメント力を発揮することが必要だ。

「第Ⅱ領域」の活動を率先して増やす

最優先事項とは何かを知るために役立つのが、人間活動を重要度と緊急度で分けたマトリックス（下図）だ。受け身で生きる人が時間を多く使うのが、第Ⅰ領域。確かに重要度も緊急度も高いので優先するのは当然だ。だが、第Ⅰ領域で発生する事柄は、実は他人の都合で緊急で重要なだけ、ということもある。その場は充実しているが、本当にやりたいこととは無関係な場合も多い。

第Ⅲと第Ⅳ領域も時間を減らしたほうがいい。時間には限りがある。重要でない事項に使うのはもったいない。

反対に、時間を増やすべきは第Ⅱ領域だ。人間関係を育てる、運動する、健康を気遣いゆっくり食事をとる…。こうした将来の自分への投資活動がこの領域に入る。

第Ⅱ領域は緊急でないため、次々と現れる用事より後回しになりがち。率先して時間を使う強い意志が必要だ。

緊急でないが重要なことに使う時間を増やす

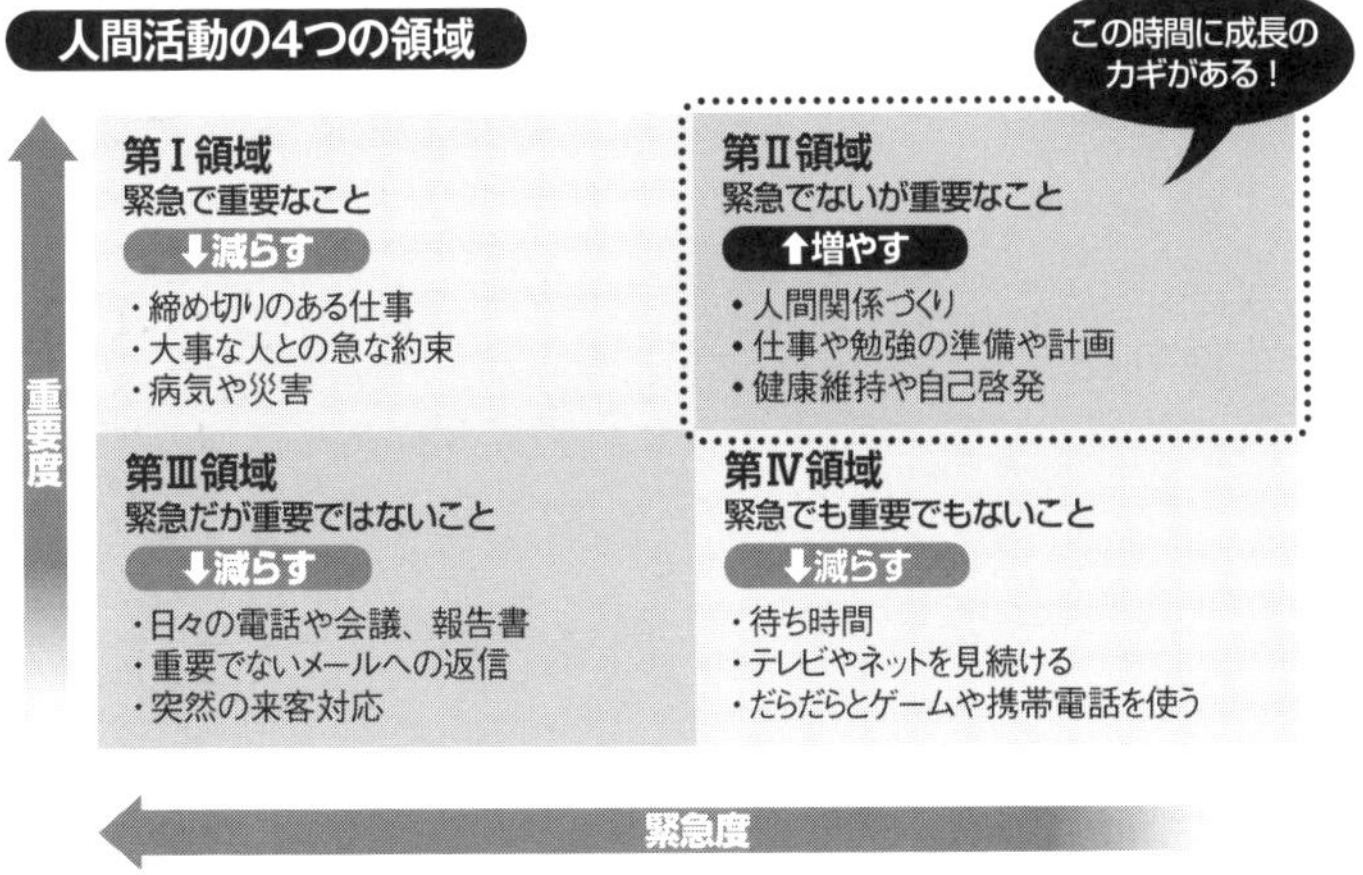

人間活動の4つの領域
この時間に成長のカギがある！
第Ⅰ領域
緊急で重要なこと
↓減らす
・締め切りのある仕事
・大事な人との急な約束
・病気や災害
第Ⅱ領域
緊急でないが重要なこと
↑増やす
・人間関係づくり
・仕事や勉強の準備や計画
・健康維持や自己啓発
第Ⅲ領域
緊急だが重要ではないこと
↓減らす
・日々の電話や会議、報告書
・重要でないメールへの返信
・突然の来客対応
第Ⅳ領域
緊急でも重要でもないこと
↓減らす
・待ち時間
・テレビやネットを見続ける
・だらだらとゲームや携帯電話を使う
重要度
緊急度

第3の習慣　最優先事項を優先する－②

自己管理のスケジュールは役割と目標で考える

自分に大切なものを忘れずに日々を過ごす

第Ⅱ領域に多く時間を使うために役立つのが、役割と目標が入ったスケジュール表。時間に追われるのではなく、「その予定で何を成し遂げたいか」を自覚できるようにするのだ。

まず、夫、友人、従業員など、役割ごとに目標を考える。その後、目標を達成するための活動時間を1週間のスケジュールに入れる。このスケジュールを毎朝確認して、優先すべき活動を頭に入れて行動する。

もちろん、すべての重要事項を想定することはできない。電車の遅延など想定外の事態も起こり得る。そんなときは、目標を考えたときの自分の価値観を思い出し、柔軟に対応しながら「何を選ぶのか」を間違えないようにする。予定をこなすことを目的化せず、自分の大事なことに時間を使うことが大切だ。

他人からの緊急の依頼や思わぬ誘いを受けることもある。こういう事態に対しては、誠実性が試される。正直に、勇気をもって「ノー」と言うことも必要だ。もちろん自分の意志をいつも貫き通すのではなく、ときには他人に譲ることも必要。どちらにしても、他人への気配りや思いやりを忘れないようにしよう。

全面的なデリゲーションで時間を増やす

最優先事項を優先するために、コヴィー博士が提案する方法の1つがデリゲーション。やるべき事項を他人に任せる活動のことで、第Ⅱ領域に使う時間を確保できる。

他人に任せるときに多くの人がやってしまうミスは、細かすぎる指示。任せておきながら相手の行動を監視・管理したら「任せた」効果は小さくなる。こんな方法をコヴィー博士は「使い走りのデリゲーション」と呼ぶ。

効果的なのは「全面的なデリゲーション」だ。これは手段よりも結果を重視する方法。守るべきルールや結果を評価する基準などを提示して、あとは信頼する。

信頼ほど相手のやる気を引き出せるものはない。期待に応えようと、自ら工夫するようになるからだ。

デリゲーションは、うまく行えば相手と自分の双方にメリットがある。第4の習慣にも通じるスキルだ。

目標を決めてからスケジュールをつくる

❶ 役割を定義	❷ 目標を設定（今週の目標）
役割❶ 自分の成長	・ミッション・ステートメントの検討　・専門書を読む　・セミナーに申し込む　・運動（ジョギング）
役割❷ 夫・父親	・家族で科学館に遊びに行く　・授業参観に行く　・妻とコンサートに行く　・子どもの自転車を修理
役割❸ 研究・商品開発	・マーケット調査の検討　・統合問題の研究　・新商品のアイデアをプレゼン
役割❹ 地域奉仕	・PTAの集まり　・定期的な草むしり
役割❺ 人生を楽しむ	・夏休みの旅行を計画

❸ 予定を埋めていく

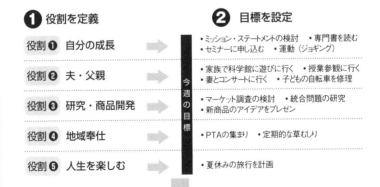

私的成功と公的成功

真の自立がなければ社会での成功もない

成功には私的成功と公的成功の2段階ある

122ページでも触れた通り、社会は相互依存で成り立っており、人間は1人では生きられない。だがそれは、甘えて人に依存して生きていい、という話ではない。人は皆、真に自立し、感情や状況に流されず大切なものを優先できる強い人間になる必要がある（私的成功）。そこで必要なのが、ここまでに解説した第1〜第3の習慣だ。自立した人間同士が相互依存に至ると、自分と他人の力を合わせ、相乗効果を発揮しながら大きな仕事を成し遂げられるようになる。これが公的成功で、言い換えると、それは社会でより優れた成果を挙げること、ともいえる。そのために実践したいのが第4〜第6の習慣となる。

「成功」というと、普通はこちらの社会的な成功をイメージするが、私的成功を成し遂げないまま、公的成功に至ることはできない。多くの人は近道を知りたがり、他人との関係にスキルやテクニックを用いて成果を挙げようとするが、そんな小手先で他者と信頼関係を築き、力を合わせることはできないからだ。私的成功を通して得た誠実な人格に則って、相手からの信頼を少しずつ獲得していく必要がある。

相手の「信頼口座」へ信頼を預け入れる

信頼関係の本質は、銀行の預金口座にも似ており、コヴィー博士は、相手の「信頼口座」に信頼を預け入れることが大切だと説く。人から信頼を示してもらうとは、相手の心の中にある自分の信頼口座から、自分が預け入れておいた信頼を引き出すこと。残高がゼロだと、それができない。つまり、先に自分が相手へ信頼を預け入れる（信頼される行動をとる）ことで初めて、相手からも同等の信頼を示してもらえるのだ。

信頼口座の残高を増やすには、①相手の価値観や大切に思うことの理解に努める、②小さな思いやりや礼儀を大切にする、③約束を守る、④お互いに期待することを明確にし、誤解を生まないようにする、⑤誠実さを言動で示す、⑥過ちは心から謝る、という方法がある。どれも良好な人間関係を築く、基礎中の基礎だ。

公的成功は競争に勝利することではない

公的成功

自立した人と協力し、大きな成果を生むこと
（自分の強み・弱みを知り、人の強みに依存し、協力できる人になること＝相互依存の状態に入る）

（必要な習慣）**第4の習慣**「Win-Winを考える」
第5の習慣「まず理解に徹し、そして理解される」
第6の習慣「シナジーを創り出す」

↓

社会に生きる者として成功する

✕ 競争に勝ち、自分がいい思いをすること
○ 他者と信頼し合い、力を合わせて共につくり上げること
⇒ **信頼関係の築き方、育て方を知る必要がある!**

Intermission ❷

P／PCバランス

結果を出すには過程を丁寧に辿《たど》ることが大事

愚かな農夫と同じ過《あやま》ちを犯していないか

成功を求める人はたくさんいるが、多くの人が的外れのアプローチを行っている。成功の果実そのものを目指して行動してしまっているからだ。成功を手にするには、正しい過程が必要。堅実に、誠実に辿っていく必要があるのだが、それを忘れている人が多いのだ。

コヴィー博士は、こうした態度に注意を促すために、次のような寓話を取り上げている。あるところに、黄金の卵を産むガチョウがいた。それを手に入れた農夫は大金持ちになったが、やがてガチョウが卵を1日に1個しか産まないことに不満を持ち、卵を一度に手に入れようと、ガチョウを殺して腹を開いてみた。だが中は空っぽ。そして農夫は、二度と黄金の卵を手に入れられなくなってしまった。

コヴィー博士は、この農夫の行為こそ「P／PCバランス」を考えていなかった愚かな選択だという。PはProduction（成果）で、望む結果や目標達成のこと。PCとは、Production Capability（成果を出す能力）で、目標達成のための能力やそれを可能にする資源のことを指す。

一番確実な道は人格・資質を高めること

農夫は黄金の卵という成果（P）を急ぐあまり、卵をもたらしているのはガチョウという資源（PC）であるとの理屈を忘れ、成功の機会を失ってしまった。本当は、ガチョウを健康に保つ努力を続けるべきだったのだ。

この話を聞けば、多くの人は農夫を笑う。だが、人生の成功を求めて農夫と同じ轍《てつ》を踏んでいる人は少なくない。本当に望む結果を手にしたいなら、それを可能にする能力や資源を育てること。これがコヴィー博士のいう「P／PCを考える」という発想だ。

資質や能力（PC）以上の成果（P）を出すことはできない。PCとPは必ずバランスがとれるようになっている。そこで結局、よい成果を挙げるためには、自分を高めるしかない、という結論となる。だから人格そのものを成長させる手段＝「7つの習慣」の実践が重要なのだ。

「ガチョウの卵」をすぐに手に入れることはできない

ガチョウ=PC
（成果を挙げる能力・資源）
→よい卵のために世話が必要
卵=P（成果）
→評価の対象だが、直接的に
質を高めることはできない

P／PCバランス
Pは、PCの質に応じたものしか生まれない。PとPCは常に均衡している（=成果が低いのは、人格の資質が低いから。成果のクオリティは自分の人間性の質を反映する）

ガチョウ（PC）を育てることでしか卵（P）の価値を高めることはできない

→

成果で評価されたいなら、人格（資質）を高めるしかない！

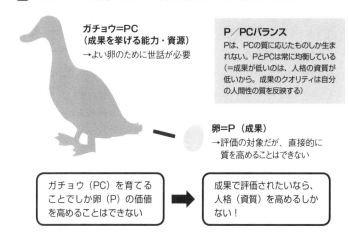

第4の習慣　Ｗｉｎ－Ｗｉｎを考える－①

「お互いに満足できる道は必ずある」と信じ抜く

「勝つか負けるか」で考える人は幸せを遠ざけている

公的成功への入り口となる第4の習慣は「Ｗｉｎ－Ｗｉｎを考える」。Ｗｉｎ－Ｗｉｎとは、「自分も勝ち、相手も勝つ」こと。つまり、交渉で問題を解決する際は、相手の何かを奪って自分がいい思いをするのではなく、双方がプラスとなる道を探る態度を心がけるべき、ということだ。

コヴィー博士によれば、人間関係のパターンには6つある（左ページ図）。このうち、もっとも蔓延しているのが、「自分が勝ち、相手が負ける」というＷｉｎ－Ｌｏｓｅの関係。自分の利益のために相手に我慢を強いる関係は、ビジネスでもプライベートでも、そこここに見出すことができる。

逆に、Ｌｏｓｅ－Ｗｉｎという考え方も、はびこっている。これは、自分が引いて相手に利益を譲るという態度に現れるので、一見、美徳のようにも思えるが、相手に好かれたいあまり自分の不利益を見ないようにしてしまっている。気持ちを押し殺してＬｏｓｅ－Ｗｉｎの関係に甘んじ、「これでいいんだ」と折り合いをつけてしまっては、幸せは実感できない。自分のＷｉｎにも手を伸ばす必要がある。

「取引しない」選択が最適ということもある

６つの人間関係は、短期的には、状況次第でいずれも最適解となり得る。スポーツなら、Ｗｉｎ－Ｌｏｓｅを目指して当然だし、仕事でミスをした同僚を残業して助けるＬｏｓｅ－Ｗｉｎの選択も悪くない。

だが、長い目で他者とのかかわり合いを考えれば、やはりベストはＷｉｎ－Ｗｉｎ。そのために必要な資質は、思いやりと勇気。相手のＷｉｎを考える優しさと共に自分のＷｉｎを主張する強さも必要で、私的成功がなければ、このバランスは獲得できない。

Ｗｉｎ－Ｗｉｎに至ることが難しく感じる場合は、ＮｏＤｅａｌ（取引しない）を選べる判断力も重要だ。お互いの価値観や目標が異なるなら、無理に関係を続けようとせず、いったん交渉を降りて、次の機会を待つのだ。信頼関係があれば、必ずいつか、いい協力関係になれる。

人間関係の6パターン

Win-Win
自分も相手も勝つ
両者が望む結果を得る
両者が納得する第3の案を発見する

Lose-Lose
自分も相手も負ける
相手を負かしたい一心で、自分のリスクも高く、損をする行動をする

Win-Lose
自分が勝ち、相手が負ける
競争の結果、もしくはエゴを通すことで、自分だけが勝つ

Win
自分だけの勝ちを考える
自分の目的だけを考え、他人の不幸や不利、迷惑などに関心がない

Lose-Win
自分が負けて、相手が勝つ
競争したり、衝突を避けた結果、相手は満足し、自分は言いなりになる

Win-Win または No Deal
Win-Winに至らなければ、取引しない
Win-Winを目指したのに、双方が納得できないなら、取引をしないという選択

第4の習慣　Ｗｉｎ－Ｗｉｎを考える－②

「幸せを独り占めしたい」と思うと不幸になる

「豊かさマインド」を通して社会を見る

お互いの信頼関係があれば、いつか必ずＷｉｎ－Ｗｉｎに至ることは可能だ。相手の主張に素直に耳を傾け、自分の主張を正直に話すことができれば、やがて両者を満たす答えは見つかるからだ。

しかし、「それは理想にすぎない。自分の取り分を相手に与えることになるのだから、損するに決まっている」と考える人もいる。そういう人は、コヴィー博士のいう「欠乏マインド」にとりつかれている。

欠乏マインドの持ち主は、この世の幸せの量は決まっていて、誰かが一部を取ると、それによって自分の割り当てが減る、というふうに考えている。だから、人が成功しても心から喜ぶことはできず、嫉妬したり、粗探《あら》しをしてその幸せを否定しようとする。

自分の中に欠乏マインドの存在を感じたら、今日からそれを「豊かさマインド」に切り替えよう。豊かさマインドとは、「すべての人が満足することは可能だ」という発想。人は決まった量の幸せを取り合っているのではない。幸せは新しく生み出せる、という考え方だ。

Ｗｉｎ－Ｗｉｎを具現化するための5つの柱

豊かさマインドは、Ｗｉｎ－Ｗｉｎを可能にする5つの柱（下図）の「人格」にあたる。人格は私的成功で獲得される成熟した思いやり、誠実さ、主体性、勇気なども指す。そういう人格があるから相手と良好な「関係」が生まれ、「合意」に至ることができるのだ。

さらに「システム」の検討も重要だ。従業員に業績別のボーナスを支給すれば、それはＷｉｎ－Ｌｏｓｅの推奨を意味する。チームでがんばることで、全体の報酬が上がるような制度にするなど、ルールを変える必要がある。

Ｗｉｎ－Ｗｉｎに至る「プロセス」も重要。コヴィー博士によれば、それは、①相手を理解し、②解決すべき課題を明確にする。③確保すべき結果を明確にして、④結果を出すための選択肢を検討する、となる。こうした手続きがあって初めて、Ｗｉｎ－Ｗｉｎは形となるのだ。

Win-Winの達成を支える5つの柱

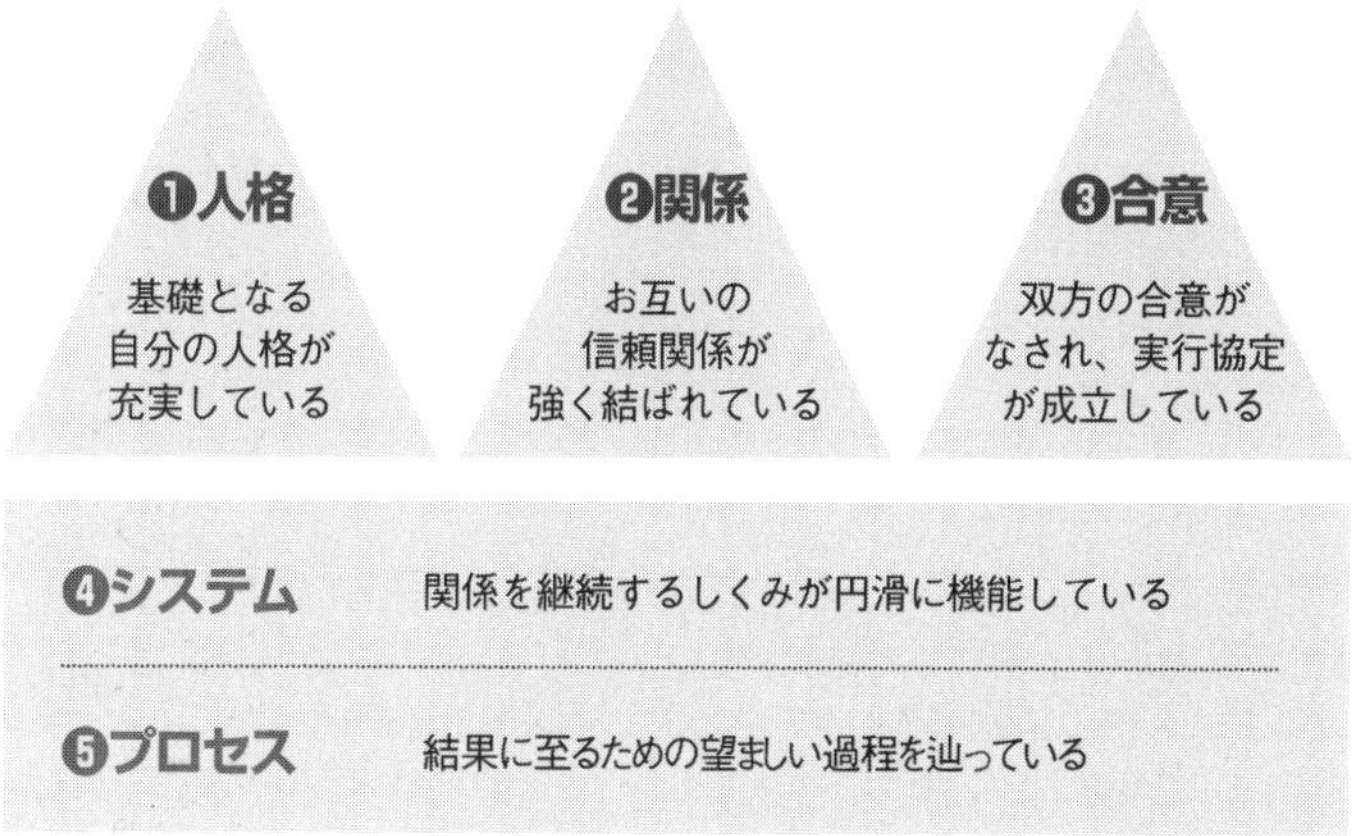
❶人格
基礎となる自分の人格が充実している
❷関係
お互いの信頼関係が強く結ばれている
❸合意
双方の合意がなされ、実行協定が成立している
❹システム
関係を継続するしくみが円滑に機能している
❺プロセス
結果に至るための望ましい過程を辿っている

第5の習慣　まず理解に徹し、そして理解される－①

「自分をわかってもらう」には、話すよりも聴くこと

「話したい」気持ちをぶつけ合うだけでは互いの理解は深まらない

第5の習慣は「まず理解に徹し、そして理解される」。これは協力関係を通してWin－Winを実現するために欠かせない。要するに「自分を理解してほしければ、まず相手の話を聴きなさい」という話だ。

多くの人は、自分をわかってもらおうとして雄弁になる。だが人は、会話において、話をしているか「次に何を話そうか」と考えているだけのことが多い。いくら話したところで、相手の心には届かず、理解などされない。誰もが「自分の話をしたい」という欲望で順番待ちをしており、上の空だからだ。

お腹が空いていれば、ほかのことをしようと思っていても、「とりあえず何か食べて落ち着いてから」となる。会話もそれと同じ。まず話し終えてからでなければ、相手の話を聴く気にはならないのが普通の人間だ。ならば、あなたが相手の話を先に聴こう。といっても、相づちなどのスキルやテクニックを使って聴こうとするのはNG。相手にそうした作為が伝わると、たちまち信頼を失ってしまう。話を聴くときは、先回りせず、解釈せず、批判せず、その内容をありのままに受け止めなければならない。

相手の目で世界がどう見えるかを感じながら聴く

コミュニケーション（読む・書く・話す・聴く）の中でもっとも重要なのは、聴くことだとコヴィー博士はいう。だが、ほとんどの人がその訓練を受けていない。だから人の話を聴くときは、ことさら注意が必要だ。人の話を聴くレベルには、下図のような段階があるが、多くの人は自分が早く話したくて相手の話を聴くふりをしたり、相手の話を先取りして自分の意見を言ったりする。

だが、Ｗｉｎ－Ｗｉｎで必要な聴き方は、最高レベルの「感情移入して聴く」態度。相手の目線、価値観では世界がどう見えるのかを想像し、その世界を相手がどう感じているのかを感情移入で理解するのだ。すると「こんなに深く聴いてくれたなんて」と相手はあなたを信頼し、今度はあなたの話を聴こうという気になる。話を聴くことで、自分を理解してもらえるチャンスが広がるのだ。

話を聴くことからWin-Winの関係が始まる

会話の段階

レベル高

4 感情移入して聴く
相手の目線で聴く。相手が世界をどう見ているのかを感情移入によって理解する

➡Win-Winの関係へ

3 注意して聴く
関心を持って深く聴く。相手が問題と考えることが何かを理解しようと努める

2 選択的に聴く
自分が興味のある部分にのみ関心を持ち、自分の目線で解釈・評価する

1 聴くふりをする
ただ相づちを打つだけで、話の内容には無関心。別のことを考えている

0 無視する
話しかけられても返事をしない。相手の存在を認めた振る舞いをしない

レベル低

第5の習慣　まず理解に徹し、そして理解される―②

相手の感情と論理に寄り添って耳を傾ける

傾聴に必要なのは相手を理解したいという誠実な思い

相手の話をきちんと聴く（傾聴）とは、相手の目線で世界を見ること。つまり、自分のパラダイムを保留し、相手のパラダイムを受け入れる価値観の転換（パラダイム・シフト）が必要だ。それは「自叙伝的反応」をやめて、心の底から相手の話を理解しよう、という態度への転換でもある。

自叙伝的反応とは、相手の話に耳を傾ける際、自分の経験からその出来事を解釈したり、評価しようとする反応のこと。相手の話の中に自分の人生の物語（自叙伝）と似たエピソードがあると、「私も同じ経験がある。こうしたほうがいいよ」というように、自分語りを始めてしまう人がその典型だ。こういう態度は、相手を失望させ、「この人は私の話を聴いていない。自分の話をしたいだけだ」と感じさせる。こうした反応からは、「私の感情を理解しようとしてくれている」とは思えないからだ。

感情移入（共感）による傾聴は、テクニックで行うものではない。心から相手を理解したいという気持ちがないなら、やらないほうがいい。上辺の傾聴は相手の自尊心を傷つけ、信頼関係を大きく損なう。

論理的な話と感情的な話を聴き分ける

コヴィー博士は、共感による傾聴を身につけるために、下図の4ステップの実践を進めている。

第1段階：話のキーワードを繰り返す。これによって相手の話を注意して聴くようになる。

第2段階：話の内容を自分の言葉で言い直す。これにより、内容の把握を意識しながら話を聴くようになる。

第3段階：「つらいね」「楽しいね」など相手の感情を自分の言葉で置き換えた相づちを打つ。これにより、相手の言葉よりも相手の感情に注意して聴くようになる。

第4段階：第2、第3段階を同時に行う。ポイントは、第2段階は相手の話の論理に、第3段階は相手の感情に注目していること。論理的な話は要約で、感情的な話は感情を表す言葉で相づちを、というわけだ。こうした聴き方を受け、相手は心を開き、信頼関係が誕生する。

「聴く」とは相手の目線で世界を見ること

✕ 自分の世界を通して相手の世界を決めつける

- 解釈 「私は外で遊ぶのが楽しかったから、息子もきっとアウトドアが好きなはず」
- 評価 「私も昔は夢を見たけど、それは現実的じゃない」
- 助言 「勉強をしたほうが身のためだよ」
- 探り 「学校で先生に叱られたんだって？」

〇 相手の目線で世界を見る

1. 話の中身を繰り返す　「仕事が嫌なんだ」➡「仕事が嫌なんだね」
2. 話の中身を自分の言葉に置き換える　「仕事にやる気が出なくて」➡「そうか、会社に行きたくないんだね」
3. 相手の感情を反映する　「今日は休んでもいいかな」➡「なんだか疲れているみたいだね」
4. 自分の言葉に置き換えつつ、感情を反映する　「今日は休んでもいいかな」➡「疲れているようだから、会社に行きたくないんだね」

第6の習慣　シナジーを創り出す－①

違いを尊重することで「第3の案」に到達する

結びつき方によって1＋1は2よりも大きい成果となる

第6の習慣は、「シナジーを創り出す」。シナジーとは、個別のものを合わせて個々の総和よりも大きな成果を生み出すこと。コヴィー博士は、シナジーを「人生においてもっとも崇高な活動」と位置づける。シナジーとは、いままで地上に存在しなかった新しいものを誕生させる行為だからだ。コヴィー博士は、7つの習慣のゴールは、シナジーを人との交流を経て実現させることにある、ともいう。

シナジーの本質は、お互いの違いを認め、それぞれを尊重すること。だが、多くの人は、自分と違う人や考え方に対して、否定的になりがちだ。年齢が違えば「若い人の言うことはわからない」と会話を諦めたり、仕事がうまくいかなければ「あの人のやり方はおかしい」と批判的になる。

だが、全く同じ経験をしてきている人は1人としていない。当然、それまでに学習してきたことも違う。考え方や見方は異なっていなければおかしい。そのことを踏まえ、自分の弱点や限界を認めながら、相手の長所や着眼点に学ぶ姿勢がなければ、人との出会いを通して新しいものを生み出すことなど不可能だ。

諦めればシナジーは生まれず妥協に終わる

違いに価値を認めず、わかり合うことを諦める人は「妥協」を選択する。妥協は個々の能力や視野の重なり合う部分しか共有せず、その範囲で成果を挙げればいい、という態度（下図）。１＋１は最大でも2にしかならない。

一方、シナジーは、それぞれの違いを受け止め合う。お互いに能力を最大限に発揮し合い、仕事ぶりが混ざり合うことで、新しく大きな成果が生まれる。それは、双方とも想定していなかった領域をカバーする「第３の案」となるのだ。シナジーを創り出すことを追求すれば、１＋１は３にも１００にもなり得る。

シナジー実現には、相手と忌憚《きたん》なく意見を交換しても動揺したり、怒ったり、つい譲ってしまったりしない強靱な人格が必要。第１〜第３の習慣による私的成功がなされていなければ、シナジーに到達することはできない。

相乗効果によって「2」より大きな第3案に至る

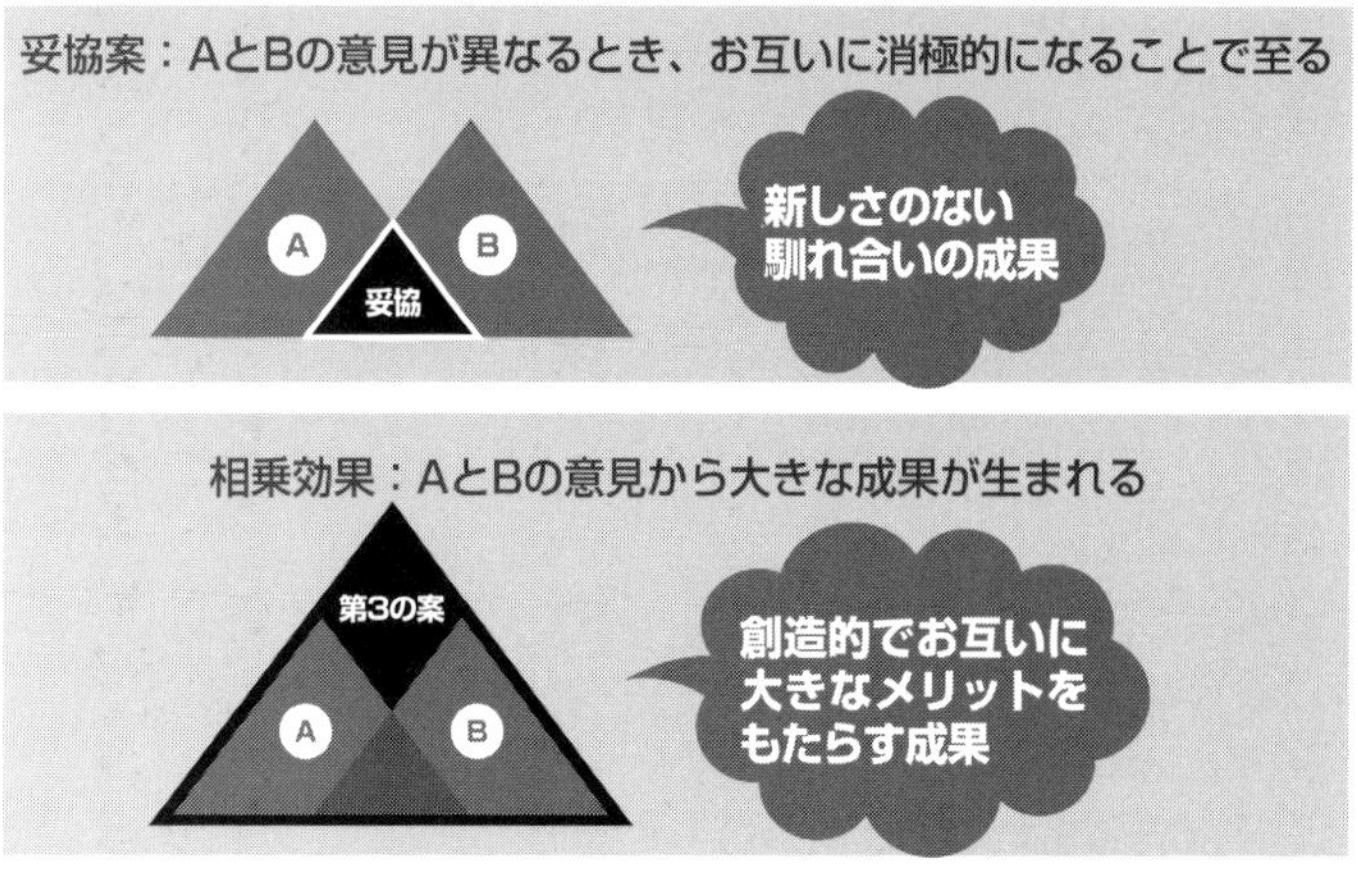

第6の習慣　シナジーを創り出す－②

シナジーを生み出すコミュニケーションとは

鍛えた人格を総動員して「シナジー的コミュニケーション」に至る

シナジーは、相手と力を合わせ相乗効果を生むことで実現する。従って、コミュニケーションの質が大きなカギを握る。コヴィー博士によれば、そのレベルは左ページ図の3段階に分けられる。もっとも低いレベルのコミュニケーションは「防衛的コミュニケーション」。お互いに守りに入り、弱点を見せまい、言質を取られまい、と警戒しながら行うコミュニケーションだ。双方の目的は、自分が損をしないWin－Loseに至ること。言い負かされたり、ドジを踏めば、結果はLose－Winに終わる。

互いに信頼と協力がやや高まると、次の「尊敬的コミュニケーション」のレベルに移行する。この段階では、ある程度の相互理解は深まるが、「相手のパラダイムで世界を見てみよう」というほどの決意は、双方持ち合わせていない。相手の存在は尊重するが、譲り合いも生まれ、結局、成果は妥協で終わる。

信頼と協力の度合いがもっとも高くなると「シナジー的コミュニケーション」での意見交換が始まる。それぞれの相違点を理解し合い、お互いがお互いの目線で問題を見て共感し合うコミュニケーションの形だ。

相手の意見を受け止め、内面にシナジーを起こす

シナジー的コミュニケーションの段階では、議論は「どちらの意見をとるか」ではなく、「両方の意見を生かした新しい案はないか」と、Ｗｉｎ－Ｗｉｎを追求する形となる。お互いが向かい合って押し引きをする形から、同じ方向を向き、新たな道を探す格好となるのだ。

意見の相違を「自分の考え」と「間違った考え」と見るとシナジー的コミュニケーションはできない。相手の意見を傾聴によって全面的に受け入れてみる。その結果、自分がどう変わるのかを確かめる。自分の内面にシナジーを起こすことで、人とのシナジーを実現していくのだ。

自然界はシナジーで満ち溢れている。雄と雌が結ばれ新しい命が誕生するさまはシナジーそのものだ。シナジーの実現は難しく感じるが、むしろ当たり前のこと。自分にもできるはずだ、と確信してチャレンジしよう。

コミュニケーションの3つのレベル

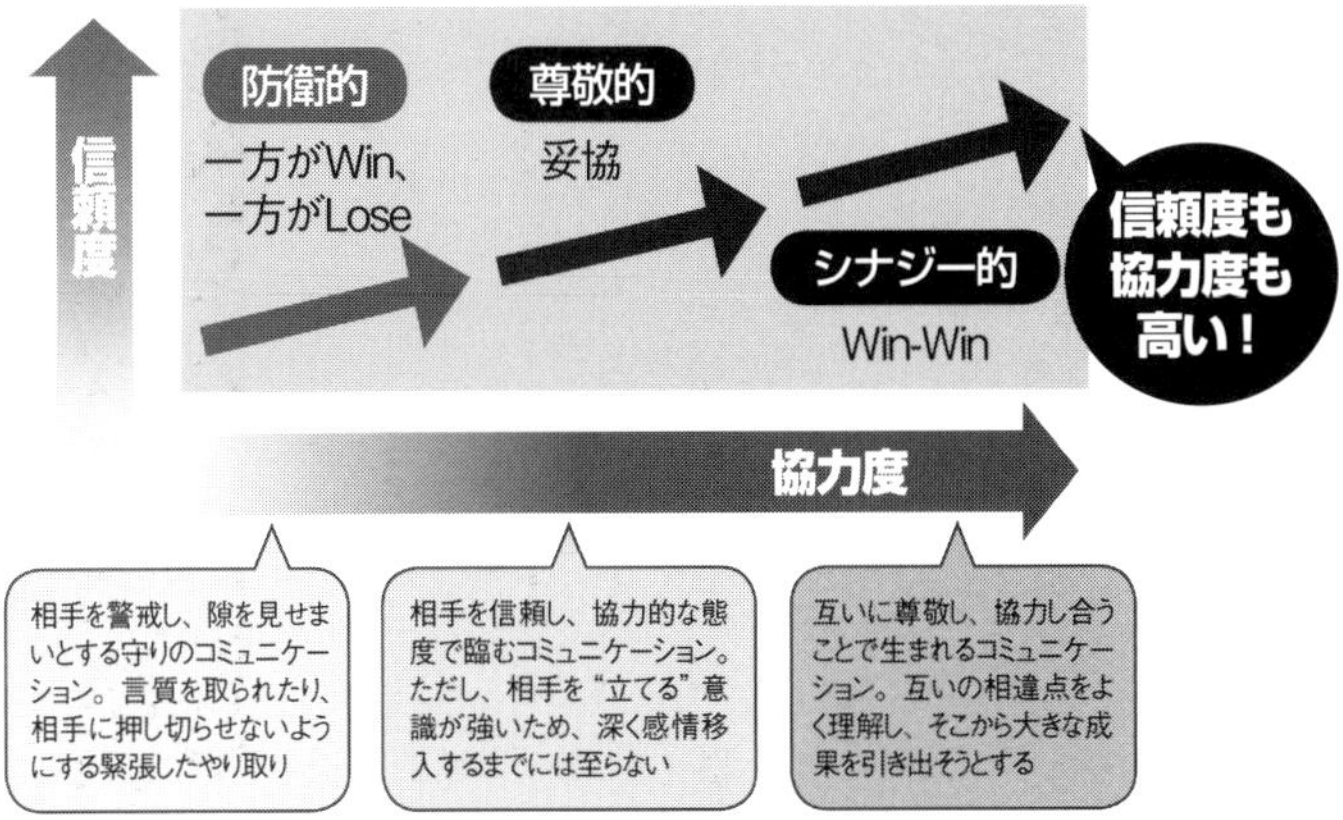
信頼度
防衛的
一方がWin、一方がLose
尊敬的
妥協
シナジー的
Win-Win
信頼度も協力度も高い！
協力度
相手を警戒し、隙を見せまいとする守りのコミュニケーション。言質を取られたり、相手に押し切らせないようにする緊張したやり取り
相手を信頼し、協力的な態度で臨むコミュニケーション。ただし、相手を“立てる”意識が強いため、深く感情移入するまでには至らない
互いに尊敬し、協力し合うことで生まれるコミュニケーション。互いの相違点をよく理解し、そこから大きな成果を引き出そうとする

第7の習慣　刃を研ぐ−①

「人格」という成果のための資源を高める

道具の手入れをしなければいい仕事はできない

最後となる第7の習慣は「刃を研ぐ」。刃とは、人生を送るという仕事で効果的に成果を挙げるために重要な道具のこと。人間の人生にとって、その道具とは「人格」だ。

森に疲れた様子の木こりがいた。もう5時間もノコギリで木を切り続けているという。そこで、「少し休んでノコギリの刃を研いでは？」と助言すると、返事は「木を切るのに忙しくて、そんな時間はない！」。

木こりの愚かさは一目瞭然。だが、同じ間違いをしている人は多い、とコヴィー博士はいう。効果的な人生を送りたいと思って努力をしていても、木こりのように、切れ味の悪い刃で躍起になっているだけだからだ。P／PCバランスの話（138ページ）にもあるように、私たちは成果を出すための資源（＝人格）に注目して、日々それを再新再生《リニューアル》しながら高める努力が必要だ。人間を形成する側面は4つ（左ページ図）。これらを日々、磨くことで、人格は少しずつ練り上がっていく。人生に立ち向かう刃を研いでいないと、いくら目の前の事態に一生懸命でも、ちっとも成果が見えない、ということが常態化してしまう。

肉体から主体性、精神からリーダーシップを高める

まず、肉体的側面の刃を研ぐとは、食事、休養、運動などにより、肉体的な能力・資質を維持し、高めること。多くの人にとって運動の継続は容易ではない。時間と場所の確保や怠けたい気持ちに勝つことが難しいからだ。だが、そんなときは「第1の習慣　主体的である」を思い出そう。「できない」理由で自分を正当化するのではなく、自分の意志で体を動かすのだ。それにより、肉体だけでなく精神的な筋肉も鍛えることができる。

次に、精神的側面の刃を研ぐとは、自分の価値観を明確化して、決意を強化する活動のこと。読書、座禅を組む、芸術鑑賞など方法はさまざまだ。これにより、人生で大事なものについて考え、その方向性や究極の目標を見出すことができる。人生に対するリーダーシップをとるために必要な「終わり」への意識が強まるのだ。

「肉体」と「精神」を日々、練り上げる

人格の4側面
知性
読書、視覚化、計画立案、執筆
精神
価値観の明確化と決意、学習、瞑想
社会・情緒
奉仕、共感、シナジー、内面の安定
肉体
運動、栄養、ストレス管理

- 人生のバイブルを持ち、日常的に読み返す
- 偉大な文学、音楽などに接する
- 自然と向き合う
- 忙しい日ほど自分をリセットする時間を長くとる

⬇

自分の価値観が固まり、人生の方向性が定まる。プレッシャーに負けず、他人の生き方に目移りしなくなる。人の成功を素直に祝福できるようになる

- 週3～6時間軽運動をする(1日おきに30分～1時間)
- 持久力、柔軟性、筋力をバランスよく高める
- 身体によいものを食べる
- 休養を十分にとる

⬇

怠けたい気持ちを振り切って運動することで、主体性が増す。自信がつき、自己評価や自尊心、誠実さが高まる

どれも「応急処置」で向上させることはできない

(＝「緊急でないが重要」な活動。毎日、少しずつ実践するしかない)

第7の習慣　刃を研ぐー②

信頼関係を高める努力も自分を鍛える活動

学生であることをやめても視野を広げる努力を忘れないこと

「刃」の3つ目は、知的側面(左ページ図)。鍛えるには優れた文学やさまざまな分野の専門書を読むのがいい。多くの人は学校を卒業すると、趣味や仕事以外での勉強を怠りがち。だが、勉強は自分をより深く理解し、マネジメントする能力を高めてくれる。ブログや日記で考えをまとめる文章の練習をするのもいい。

4つ目の社会・情緒的側面とは、人間関係をよりよくする活動領域のこと。それを鍛える活動とは、小さなことでも人を気遣う、約束を守る、誠実さを行動で表す……といった行動を毎日行い、周囲の人との信頼関係を高める努力を続けることを意味する。公的成功の素地を厚くするための活動だ。

肉体、精神、知性の3側面を鍛えることは、自分の影響の輪の中でできる努力。「毎日の私的成功」を実感しつつ、内面を安定させることにつながる。一方、社会・情緒的側面は、人との触れ合いが絡む影響の輪の外の活動。内面が不安定だと、動揺したり傷ついたりして、続かなくなることもある。その意味で、肉体、精神、知性の3側面は、社会・情緒的側面の土台になっている。

4つの側面をバランスよく、気長に磨く

そして、コヴィー博士は、この4側面は、組織にも存在するという。それぞれ、肉体的側面は経済性、知的側面は人材活用、精神的側面は組織の社会における存在意義、社会・情緒的側面は社内の人間関係だ。

肉体的側面（経済性）ばかり追求する儲け主義の組織は内部でも競争が激しく、人間関係が悪い。知的側面（人材活用）を疎かにする組織は、トップがワンマンで視野を広げる努力に乏しく成長の機会が少ないため、従業員の離職率が高い。4側面のバランスが重要なのだ。

刃を研ぐ活動は、第3の習慣で第Ⅱ領域に分類される「緊急でないが重要」な活動。気長に続けることで、徐々に人格の〝器〟が広がっていく。すると、第1～第6の習慣の実践はより効果的になる。学び→決意→実行→学び…と螺旋階段を上るように、成長していけるのだ。

「知性」と「社会・情緒」を日々、練り上げる

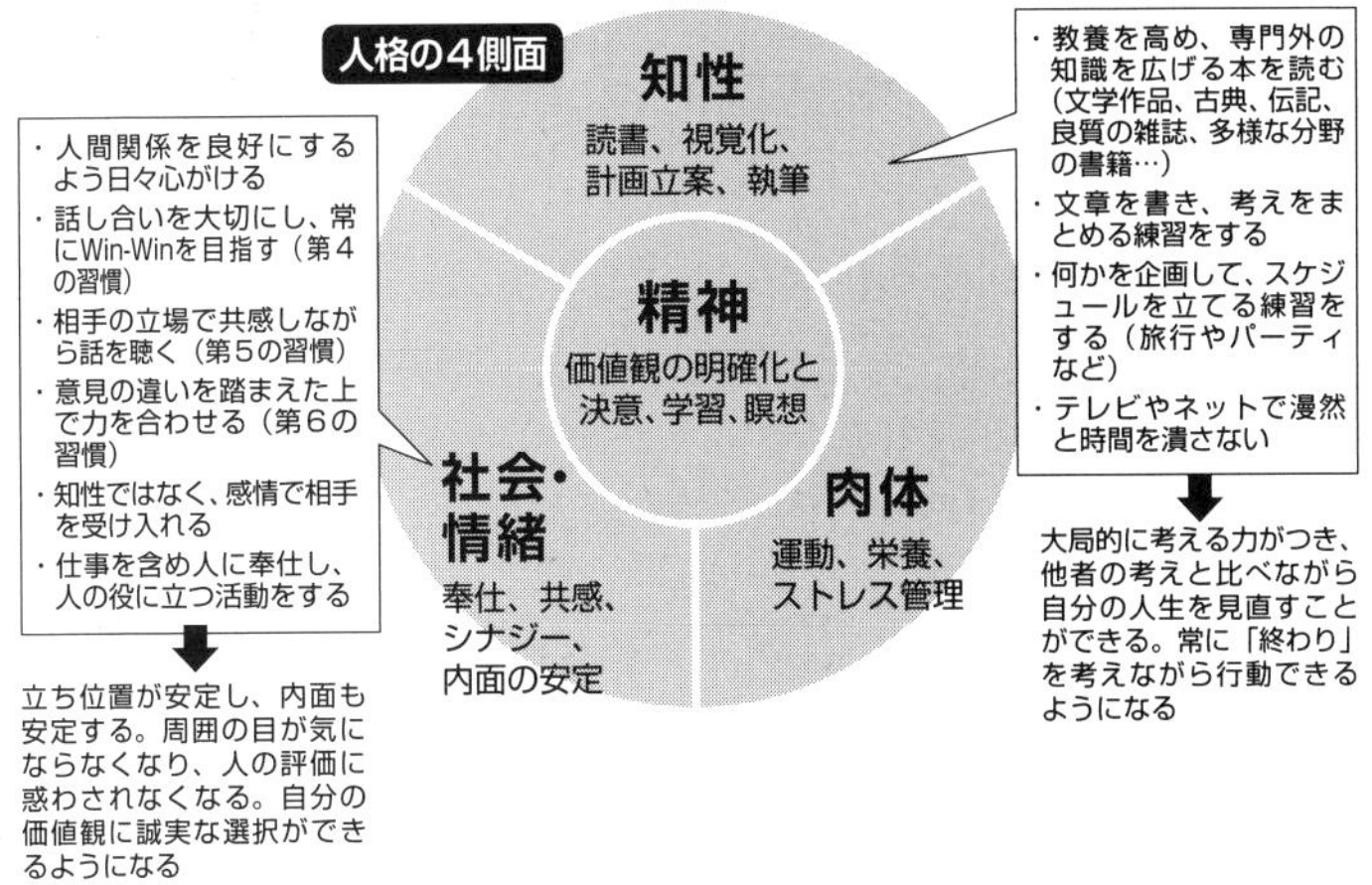
人格の4側面
知性
読書、視覚化、計画立案、執筆
精神
価値観の明確化と決意、学習、瞑想
社会・情緒
奉仕、共感、シナジー、内面の安定
肉体
運動、栄養、ストレス管理
・教養を高め、専門外の知識を広げる本を読む（文学作品、古典、伝記、良質の雑誌、多様な分野の書籍…）
・文章を書き、考えをまとめる練習をする
・何かを企画して、スケジュールを立てる練習をする（旅行やパーティなど）
・テレビやネットで漫然と時間を潰さない
大局的に考える力がつき、他者の考えと比べながら自分の人生を見直すことができる。常に「終わり」を考えながら行動できるようになる
・人間関係を良好にするよう日々心がける
・話し合いを大切にし、常にWin-Winを目指す（第4の習慣）
・相手の立場で共感しながら話を聴く（第5の習慣）
・意見の違いを踏まえた上で力を合わせる（第6の習慣）
・知性ではなく、感情で相手を受け入れる
・仕事を含め人に奉仕し、人の役に立つ活動をする
立ち位置が安定し、内面も安定する。周囲の目が気にならなくなり、人の評価に惑わされなくなる。自分の価値観に誠実な選択ができるようになる

Closing Message

再び、インサイド・アウトへ

インサイド・アウトに戻り、またすべてをやり続ける

「刺激に対してどう反応するか」には選択の自由がある

「刺激と反応の間にはスペースがある」。ある本でたまたま目にし、コヴィー博士が「人生を変えた」と述べるほど衝撃を受けたフレーズだ。スペースとは、間や余白のこと。つまり、刺激を受けて反応をするまでには、選択の余地があるということだ。要は、選択次第で人生は変わるということ。いまの自分は過去のつながりの産物だが、未来まで流れに身を委ねることはない。未来は創ることができる。

選択の自由を意識できるようになると、「結局は、自分がどう変われるかに尽きる」ということが実感できるようになる。つまり、インサイド・アウトだ。自分の反応の仕方で周りへの影響が変わり、それが自分に返ってくる結果を変えていく。そのようにして、自分の人生を自分で創るために7つの習慣はある。

インサイド・アウトはすべてのスタートだった。それを踏まえて、第1～第6の習慣を実践し、同時に第7の習慣によって自分の枠を広げ、より高いレベルで第1～第6の習慣を実践していく。この活動を続ければ、刺激と反応のスペースはより広くなり、より難しい選択ができるようになっていく。

「流れを変える人」となり後に続く者に貢献する

７つの習慣を通して刺激と反応のスペースを広げていくことで、人は「流れを変える人」になれる。伝統、しきたり、風習などに基づいて、人は多くの考え方や行動パターンを無意識に過去から踏襲しているが、中には若い世代を抑圧するような悪いものもある。両親、上司、先輩などから与えられた悪しき生き方・人生観は、次の世代に引き継ぐべきではない。自分が親や職場の先輩から悪い育てられ方や扱いを受けたからといって、わが子や後輩にも同じようにしていい理由にはならない。むしろ、同じ思いを味わわせないように接し方を変えていくべきだ。悪しき「流れ」をあなたが断ち切るのだ。

インサイド・アウトに基づく7つの習慣は、次世代に示す「正しい原則に従う生き方」の模範でもある。自分の幸せと共に未来の世代の幸せを創る生き方なのだ。

自分が変わることで「よりよい生き方」を次世代に伝える

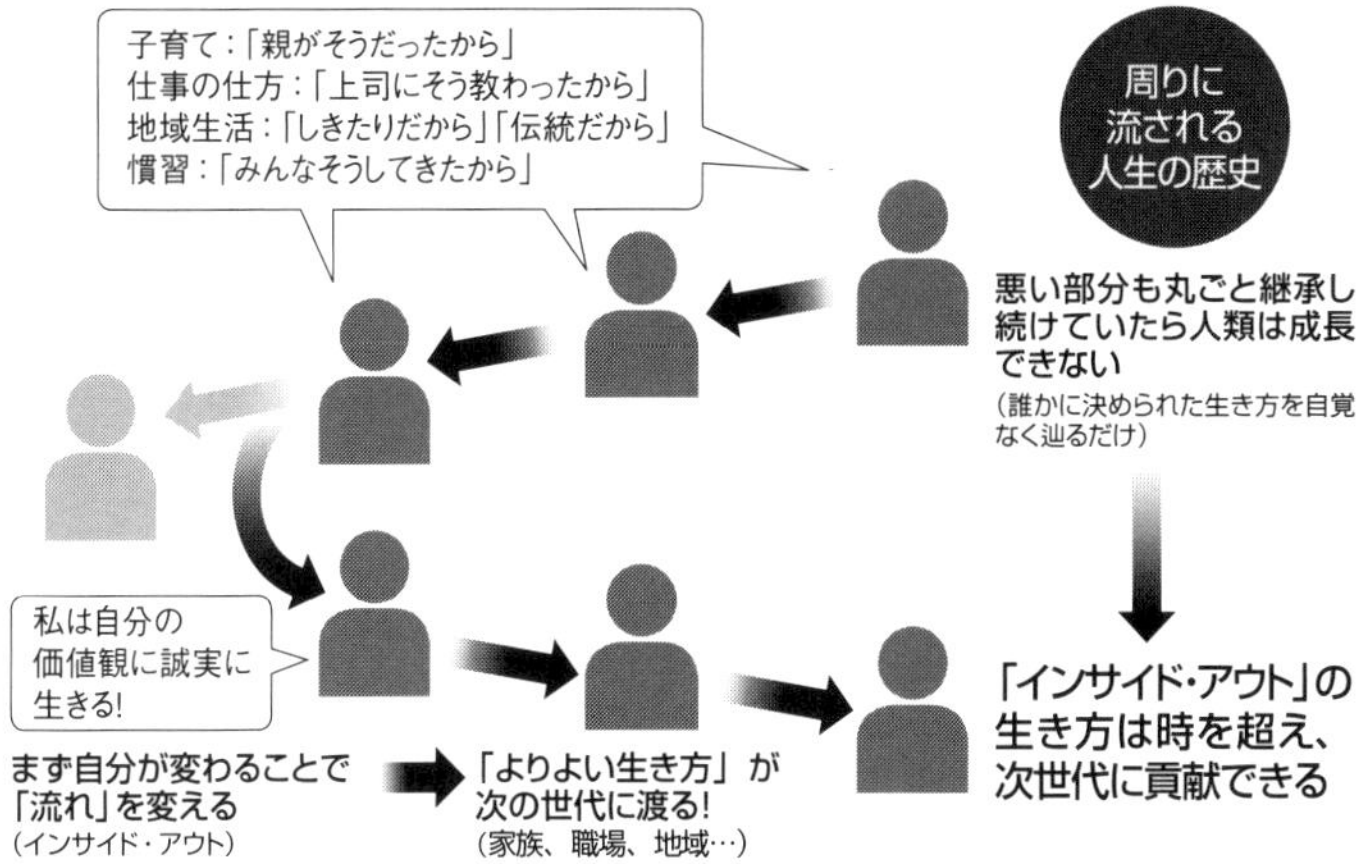

スリー・ミラーズ

Three Millers

材料

ブランデー	2/3
ラム（ライト）	1/3
グレナデン・シロップ	1 tsp.
レモン・ジュース	1 dash

つくり方

材料をシェークして、カクテル・グラスに注ぐ。

理想はこんな人!? 飲み応え（影響力）に品格をまとう

明るい赤銅ともいえそうな色合いは、ブランデーとグレナデン・シロップのせい。色味は柔らかいが、ブランデーとラムという２種類のスピリッツがほとんどを占めており、カクテルとしては36～37度と強めの部類。

といっても、シェークによって落ち着いた味わいとなっており、仕上がりの印象は上品。味わいとしては、ややドライだが、甘みや香りなどの際だったクセがなく、オールマイティな存在といえるだろう。

グレナデン・シロップは、ザクロ果汁に砂糖を加えて煮詰めたもの。カクテルには欠かせない副材料の1つで、ほかにもメロン、イチゴ、オレンジ、ラズベリーなどさまざまなフルーツのフレーバーをつけたシロップが使われる。近年では、バラの香りのシロップなどの新しい素材によって、カクテルの幅は広がりをみせている。甘みを出す素材としては、砂糖もカクテルには欠かせない。甘みにクセがないグラニュー糖、しっとりしやすい上白糖、キメの細かい粉糖（パウダーシュガー）、上白糖でつくった角砂糖（キューブ・シュガー）などが目的に合わせて使用される。

制作スタッフ

まんが	小山鹿梨子
監修	フランクリン・コヴィー・ジャパン
編集	宮下雅子（宝島社） 神崎宏則（山神制作研究所） 宮本裕生（office LIP）
取材・文	牧原大二 乙野隆彦（山神制作研究所）
本文デザイン・DTP	遠藤嘉浩、遠藤明美（株式会社 遠藤デザイン）、室田素子
カクテル監修	一般社団法人 日本バーテンダー協会
カクテル写真	花田真知子
カクテル制作・撮影協力	BAR THE KING　西坂年男（一般社団法人 日本バーテンダー協会 関東統括本部 常任幹事）

カクテル参考資料

『NBA 新オフィシャル・カクテルブック』（日本バーテンダー協会 編著、柴田書店）、『カクテル完全バイブル』（渡邉一也 監修、ナツメ社）、『カクテル大事典800』（成美堂出版）、『世界一のカクテル スタンダードからオリジナルまでカクテルがよくわかる完全ガイド』（中村健二 監修、主婦の友社）ほか

Profile

〔まんが〕
小山鹿梨子（こやま・かりこ）

まんが家。『別冊フレンド』（講談社）の読み切り「保健室の鈴木くん」でデビュー。主な作品に『もやし男と種少女』、『シェリル キス・イン・ザ・ギャラクシー』（全４巻）、『校舎のうらには天使が埋められている』（全７巻、いずれも講談社）など。

〔監修〕
フランクリン・コヴィー・ジャパン

「７つの習慣」をベースとしたセミナー・研修を展開。企業の各種セグメントを対象に、リーダーシップ向上、生産性向上、組織の実行力向上などを目的とした指導を行う。教育方面では、中学・高校への「７つの習慣」の導入・定着支援により、生徒の行動力や目標達成力などを高める活動も積極的に実施している。
http://www.franklincovey.co.jp

～スティーブン・R・コヴィーについて～

スティーブン・R・コヴィー（Stephen Richards Covey）は、世界でもっとも影響力のあるビジネス思想家の一人で、リーダーシップ論の権威。ユタ大学、ハーバード大学経営大学院などで学び、教職を経て「７つの習慣」をはじめとするリーダーシップ論を提唱。1989年、ビジネスコンサルタント会社「コヴィー・リーダーシップ・センター」を設立。1997年に合併し、「フランクリン・コヴィー社」の副会長となる。以後、世界各国の政府や企業のリーダーに対し、広くコンサルタントとして活躍。日本では、著書『７つの習慣 成功には原則があった！』（ジェームス・スキナー、川西 茂 訳）、『第８の習慣「効果」から「偉大」へ』（フランクリン・コヴィー・ジャパン 編、共にキングベアー出版）などで話題となった。2013年、『完訳 ７つの習慣 人格主義の回復』（フランクリン・コヴィー・ジャパン 訳、キングベアー出版）が刊行され、新たに注目を集めている。ユタ州立大学商経学部終身教授。2012年７月、79歳で永眠。

まんがでわかる
７つの習慣 Plus

2016年1月29日　第１刷発行

監修　フランクリン・コヴィー・ジャパン
まんが　小山鹿梨子
発行人　蓮見清一
発行所　株式会社 宝島社
〒102-8388 東京都千代田区一番町25番地
電話：営業 03-3234-4621／編集 03-3239-0646
http://tkj.jp
振替：00170-1-170829 ㈱宝島社

印刷・製本　サンケイ総合印刷株式会社

ISBN978-4-8002-4912-8